当代

山东省社会科学规划研究项目"修辞视角下当代中国论辩范式的重构"（13DWXJ07）

中国论辩研究
范式的反思与重构

The Paradigm of Contemporary Chinese
Argumentation Studies: Reflection and Reconstruction

周强 著

中国社会科学出版社

图书在版编目（CIP）数据

当代中国论辩研究范式的反思与重构／周强著 . —北京：中国社会科学出版社，2015.9

ISBN 978 - 7 - 5161 - 6743 - 4

Ⅰ.①当…　Ⅱ.①周…　Ⅲ.①辩论－研究－中国　Ⅳ.①H019

中国版本图书馆 CIP 数据核字（2015）第 182407 号

出 版 人	赵剑英
责任编辑	曲弘梅
责任校对	王　影
责任印制	戴　宽

出　　版	中国社会科学出版社
社　　址	北京鼓楼西大街甲 158 号
邮　　编	100720
网　　址	http：//www. csspw. cn
发 行 部	010 - 84083685
门 市 部	010 - 84029450
经　　销	新华书店及其他书店

印刷装订	北京君升印刷有限公司
版　　次	2015 年 9 月第 1 版
印　　次	2015 年 9 月第 1 次印刷

开　　本	710×1000　1/16
印　　张	10.75
插　　页	2
字　　数	186 千字
定　　价	59.00 元

目　录

绪论 ……………………………………………………………… （1）

第一节　选题缘由 ……………………………………………… （3）

一　选题的理由 ……………………………………………… （3）

二　选题的意义 ……………………………………………… （8）

第二节　文献综述……………………………………………… （11）

一　国内论辩研究现状及特点 …………………………… （11）

二　国外论辩研究现状及特点 …………………………… （16）

三　研究问题的提出 ……………………………………… （18）

第三节　研究目标、内容及方法 …………………………… （18）

一　研究目标 ……………………………………………… （18）

二　研究内容 ……………………………………………… （19）

三　研究方法 ……………………………………………… （20）

第一章　当代中国论辩研究现状及分析 …………………… （21）

第一节　"论辩"本身的研究 ……………………………… （21）

第二节　"论辩阶段"的研究 ……………………………… （24）

一　开始阶段 ……………………………………………… （24）

二　展开阶段 ……………………………………………… （25）

三　终结阶段 ……………………………………………… （26）

第三节　"论辩类型"的研究 ……………………………… （26）

一　论辩分类 ……………………………………………… （26）

二　具体的论辩实践 ……………………………………… （28）

第四节　"论辩方法"的研究 ……………………………… （30）

第五节　"论辩原则"的研究 ……………………………… （32）

第六节　当代中国论辩研究所形成的基本设定及其

　　　　形成原因 ……………………………………………（37）

第七节　本章小结 …………………………………………（39）

第二章　当代中国论辩研究的历时比较 …………………（40）

第一节　中国传统论辩研究概述 …………………………（40）

第二节　邓析的论辩思想 …………………………………（42）

第三节　老子的论辩思想 …………………………………（46）

第四节　孔子的论辩思想 …………………………………（47）

第五节　墨家的论辩思想 …………………………………（50）

第六节　孟子的论辩思想 …………………………………（55）

第七节　荀子的论辩思想 …………………………………（60）

第八节　庄子的论辩思想 …………………………………（64）

第九节　韩非子的论辩思想 ………………………………（66）

第十节　当代中国论辩研究的历时比较 …………………（69）

第十一节　本章小结 ………………………………………（71）

第三章　当代中国论辩研究的共时比较 …………………（73）

第一节　论辩研究范式的转换 ……………………………（73）

第二节　凯姆·帕尔曼的论辩理论 ………………………（79）

　　一　帕尔曼的生平和著作 ……………………………（79）

　　二　帕尔曼论辩理论的总体特征 ……………………（82）

　　三　帕尔曼论辩理论体系 ……………………………（83）

第三节　斯蒂芬·图尔敏论辩模式 ………………………（94）

　　一　图尔敏生平和主要著作概述 ……………………（94）

　　二　图尔敏的宏观论辩理论 …………………………（97）

　　三　图尔敏的微观论辩理论——论辩模式 …………（100）

第四节　非形式逻辑 ………………………………………（105）

　　一　"非形式逻辑"的工作定义 ……………………（105）

　　二　非形式逻辑运动在北美的兴起 …………………（107）

　　三　非形式逻辑关注的两大理论问题：论辩分析

　　　　与评价 …………………………………………（111）

第五节　语用—辩证学派的论辩理论 …………………（117）

一　语用—辩证学派概述及其主要著作 …………………（117）

二　语用—辩证学派的论辩理论——批判性讨论模式……（119）

三　批判性讨论的四个阶段 …………………………（122）

四　语用—辩证学派的讨论程序 …………………（125）

第六节　当代中国论辩研究的共时比较 …………………（132）

第七节　本章小结 ……………………………………（134）

第四章　当代中国论辩研究的新构筑 …………………（135）

第一节　当代中国论辩理论观念基础的反思 ……………（135）

一　事实与雄辩的对立 ………………………………（136）

二　理与势的对立 ……………………………………（139）

三　论辩语境的预设 …………………………………（141）

第二节　当代中国论辩研究在"修辞学"范畴内的构筑 …（142）

一　关于论辩目的的解读与构筑 …………………（142）

二　关于论辩双方关系的解读与构筑 ……………（143）

三　关于论辩手段的解读与构筑 …………………（147）

第三节　本章小结 ……………………………………（149）

第五章　结论 ………………………………………（151）

参考文献 ……………………………………………（154）

绪　　论

　　论辩作为人类的一种基本话语实践活动，历史悠久，源远流长。它产生于人类社会活动的早期，并随人类社会实践的发展而不断发展，在人类主要文明发祥的"轴心时期"①迎来了其黄金发展阶段。当人类进入以崇尚"理性"为基本特征的现代社会之后，论辩的重要性更不待言。然而，正如构成人类话语主干、人们不可或缺的其他核心概念一样，"论辩"的意义虽然似乎不言自明，其内涵及外延的界定却具有很大的不确定性。即便在同一个文化语境内，"论辩"的定义都很不一致，不同文化赋予它的意义就更加五花八门。当代中文以及当代中国学术话语对"论辩"一词的理解与西方的相应理解就存在着较大差别。

　　当代中国学术话语，尤其是汉语辞书，倾向于对"论辩"作出狭义的理解。根据《古代汉语词典》②《现代汉语词典》③等权威词典的解释，"论辩"主要有以下两个释义：（1）同"辩论"，彼此用一定的理由来说明自己对事物或问题的见解，揭露对方的矛盾（否认或修正对方的意见），以便最后得出正确的认识或共同的意见；（2）文

---

① 人类历史的"轴心时期"指的是公元前 800 年至公元前 200 年这段时间。这一概念由 20 世纪德国哲学家卡尔·雅斯贝尔斯（Karl Jaspers）在其传世之作《历史的起源与目标》（Vom Ursprung und Ziel der Geschichte）中提出来的。具体请参见［德］卡尔·雅斯贝斯《历史的起源与目标》，魏楚雄、俞新天译，华夏出版社 1989 年版，第 7—9 页。

② 《古代汉语词典》编写组：《古代汉语词典（大字本）》，商务印书馆 2002 年版，第 90、1023 页。

③ 中国社会科学院语言研究所词典编辑室：《现代汉语词典》（第 5 版），商务印书馆 2005 年版，第 87、898 页。

体之一，即现代的"论说文"。当代中国学术界对论辩的研究主要局限在逻辑学与语言学的范畴，所关注的主要是论说文中所表现出来的逻辑推理技巧与语言艺术，以及近年来出现的"辩论赛"这一模拟论辩形式，几乎完全忽略了"论辩"以"讲道理"的形式在话语中的普遍分布及其作为话语互动的主要形式之一所应具有的社会属性与社会功效。

中国当代学术界主流对"论辩"的这一狭义理解和极具局限性的关注不仅与这个概念在中华文明的轴心时代——也就是先秦百家争鸣时期——被赋予的丰富意义和所享有的崇高研究地位大相径庭，而且跟它在当代占支配地位的西方话语中的流通和应用更形成明显的反差。当今西方学术界的主流认为，"论辩"是话语的最基本形式之一，其研究应涉及哲学、逻辑学、语言学、话语分析、修辞学、言语交流、教育学、心理学、社会学、政治学等众多学科，具有多学科、跨学科的本质属性。如果说中国学术界致力于将对"论辩"的理解和思考局限于源于西方的逻辑学和当代语言学所构成的研究视野内，西方当代论辩研究则早已摆脱了现代主义思潮的影响，或者将注意力转向西方修辞传统，认定"论辩"的根本任务是将"受众的信奉由前提转移到结论上"①，或者兼收并蓄，通过汲取言语交流、语用学、辨证学、伦理学、社会学等众多学科的研究成果，将"论辩"看成是"以'通过讲道理造成变化'为本质特征的一种话语形式，以'一方试图使另一方确信某个立场具有可接受性'为主要标志的'交流'。更具体地说，是将'论辩'理解为'旨在通过言语行为的有序交换'解决意见分歧的一种互动程序"②。上述两种对"论辩"的理解都关注它的动态、互动本质，强调它在以非暴力手段处理冲突、解决意见分歧、化解社会矛盾、发展文明等方面所发挥的重要作用。

---

① Perelman Chaim, *The Realm of Rhetoric*, Notre Dame: University of Notre Dame Press, 1982, p. 21.

② Eemeren Frans H. van and Rob Grootendorst, *Argumentation, Communication, and Fallacies: A Pragma-Dialectical Perspective*, Hillsdale: Lawrence Erlbaum Associates, 1992, p. xiii. 转引自刘亚猛《西方修辞学史》，外语教学与研究出版社 2008 年版，第 310 页。

　　当代中国论辩研究与自身传统的脱节以及和西方当代论辩研究存在的反差就其本身而言也许并非一个问题。但是这一研究现状是否顺应当代中国政治、经济、社会、外交等方面的需求，致力于重新构建当代中国的论辩规范和实践模式，则显然是一个事关我国政治文明和和谐社会建设的大课题。为了促进和推动对这一重要课题的深入研究，本书拟以"论辩是持不同意见的双方出于说服目的而进行的一种观点交锋，旨在解决彼此之间的矛盾分歧"作为我们的定义，就当代中国论辩研究现状进行历时及跨文化这两方面的纵横比较。本章拟就选题缘由、文献综述、研究目的、内容与方法等方面展开讨论。

第一节　选题缘由

一　选题的理由

　　论辩存在于人类社会生活的各个领域之中，政治信念的传播、思想观点的交流、经济贸易中的谈判、法律案件的诉讼、国家之间的外交谈判，甚至于貌似"超然"的学术话语的产生与发展都离不开这一活动。

1. 维护社会稳定与发展需要论辩

　　中国的社会经济发展，经过30多年的改革开放，取得了举世瞩目的巨大成就，同时，人们的价值观念、价值取向亦日益多元化，政治立场、利害关系、考察角度和方式等方面的差异导致社会矛盾和社会冲突的产生，如干群矛盾、警民矛盾、劳资矛盾、医患矛盾，等等。如果这些矛盾得不到及时化解、妥善解决，社会各个阶层、各个群体之间必然会产生大量隔阂和不信任的因素。这样一来，不仅会影响到社会共识的形成，还会影响到社会的稳定与发展。

　　目前，政府处理、化解这些矛盾与冲突的模式主要有以下三种：（1）运动式治理，即各级政府以垂直命令、政治动员的方式，在某些特定的时期内集中调动力量、配置资源，用以解决一些比较尖锐、比较突出的矛盾和冲突；（2）专横的高压镇压，即在处理各种社会矛盾与冲突之时，轻率地把警力推到第一线，甚至把利益矛盾定调为敌我矛盾或刑事案件；（3）无原则地迁就，即所谓的"人民内部矛盾用人民币解决"。这些手段尽管可取一时之功，却往往留下无穷后患，不仅会增加化解社会矛盾的成本，而且会破坏社会的是非观、公正观等价值观念，非但不能真正促进社会公平，反而加速了社会基础秩序和社会价值体系的溃败。

近些年来，我们陷入了一个"怪圈"，即各级政府投入大量的人力、物力、财力用于处理、化解这些矛盾与冲突。我们以广州市为例，2007 年社会维稳支出高达 44 亿元，远远超过当年社会保障就业资金的 35.2 亿元。其他一些地方的情况也与之类似，甚至更为严重。这说明维稳工作的各种投入，已经成为地方政府一项占相当比重的常规性支出。如果以全国计，每年用在维稳上的资金更会是一个惊人的数量。据统计，我国今年用于内部保安的预算达人民币 5140 亿元。据《2009 年预算执行情况及今年预算草案报告》显示，公共安全财政支出在去年增加 16% 的基础上，今年将再增 8.9%，增幅超过军费，实际金额亦与国防开支相差无几①。然而，社会矛盾与社会冲突的数量不但没有减少，反而不断增加。

根据中国社会科学院社会学研究所近年主编的《社会蓝皮书》，从 1993 年到 2003 年，全国每年发生群体性事件的数量从 1 万起增加到了 7.4 万起，参与人数也从 73 万人增加到 376 万人，呈明显上升的趋势。2007 年全国群体性事件更高达 8 万多起，2008 年还爆发了一些震惊全国的群体性事件②。即便 2009 年各地政府对社会稳定和维持社会秩序高度重视，群体性事件仍保持着多发的态势③。

论辩，作为一种非暴力言语手段，可以调停相互冲突的利害关系，澄清和解决他们之间的意见分歧，协调彼此的行动。与行政手

---

① 孙立平等：《清华课题组：以利益表达制度化实现长治久安》（http：//www.china-elections.org/newsinfo.asp? newsid = 176760，2010 - 5 - 11/ 2011 - 1 - 15）。

② 同上。

③ 李培林等：《2010 年〈社会蓝皮书〉发布暨中国社会形势报告会》（http：//www.china.com.cn/policy/ txt/2009 - 12/ 21/content_ 19106356_ 2. htm）。

段、高压手段、经济手段等方式处理社会冲突与社会矛盾相比，它是化解社会矛盾的最佳手段。意识到这一点对正处于社会急剧转型期的中国而言具有重大的社会意义。

2. 学术知识的产生与发展需要论辩

在一般人的印象中，学术界是社会冲突中的一块绿洲。然而，事实并非如此。学术界作为整体社会的一个重要组成部分，虽然有其相对的独立性，却仍然无法自外于社会上的各种利害关系和冲突。要解决这些分歧与冲突，只能依赖学术群体通过内部交流、讨论、争议、质证、论辩和说服等方法对相互矛盾、对立的理论观点"去伪存真"，在整个学科或全体同事之中达成共识。

究其本质而言，这些"共识"并非普世、恒定的，只是学科内部普遍接受的"意见"而已。在任何特定的历史文化条件下，有关它们所具有的内涵和外延从来都是有争议的，这些争议只有通过论辩，即相关"意见"的不断交锋，才有望得到暂时解决。也就是说，通过互动、交流、论辩达成学界共识，而不是依赖学者的个人"钻研"发现知识和真理，是学术话语生成的主要途径。

此外，学术话语的发展亦需要学术论辩的驱动，正如美国当代著名社会语言学家黛波拉·泰南（Deborah Tannen）所指出的那样，"学术文章的标准写法是提出一个与其他人的观点对立的看法，然后证明前者是错误的"[1]。显而易见，这一写作范式基于论辩模式。由此可见，论辩已经被广泛接受为学术知识的产生与发展的主要手段。不管是知识的构筑、真理的确立、学派的形成、观点的阐明和交流，都离不开以劝说、论辩为中心的修辞原理、原则和规范，离不开对相关修辞资源的"合法"开发利用[2]。

因此，对与我们日常生活息息相关的论辩实践进行研究，积极构

---

[1]　Deborah Tannen, *The Argument Culture*: *Moving from Debate to Dialogue*, New York: Random House, 1998, p. 268.

[2]　刘亚猛：《追求象征的力量——关于西方修辞思想的思考》，生活·读书·新知三联书店年 2004 年版，第 19 页。

筑能够用于指导这些实践的论辩规范和模式具有重大的社会意义和学术意义。然而，当前中国学术界对论辩的研究却脱离了当今社会、政治、经济、外交等方面发展形势的要求，将注意力集中于论说文中所表现的逻辑推理技巧与语言艺术，以及近年来出现的对于解决实际社会问题并无多大益处的"假想论辩"或者"模拟论辩"，谈"论辩"必言"辩论赛"这一高度形式化与程序化的特殊论辩形态，几乎完全忽略了"论辩"以"讲道理"的形式在话语中的普遍分布及其作为话语互动的主要形式之一所应具有的社会属性与社会功效。

论辩研究在我国尚未得到充分开展，研究规模与投入都太小，论辩理论的建设更是明显滞后，在一定程度上，造成了我国"论辩文化"的缺失。具体以我们熟悉的"学术界"为例，说明对学术话语产生与发展至关重要的"论辩文化"缺失到了如何严重的程度，真正意义上的"学术批评"在中国并未形成。有学者指出：

> ……学术批评始终不正常：真正称得上"学术批评"的成果本身并不多，且少得可怜的学术批评还常常化为意气之争、甚至蜕化成棍子。自从法治国家（1999年）与人权（2004年）入宪以后，打棍子的现象基本绝迹了，但是学术批评的规则并没有确立起来，这正是中国学术的痛处。①

"学术讨论"在我国高等教育中亦严重缺位。正如吉林大学教授、博士生导师、《中国书评》主编邓正来在《学术讨论为什么缺位？——中国研究生教育的反思与批判》一文中，曾明确指出，

> 如果我们对中国当下研究生教育的课程设置和教学活动进行观察，那么我们却很容易发现这样一种普遍且明显的现象，即上述对研究生和教授都有助益的学术讨论在硕士和博士研究生的教

---

① 周永坤：《追求理性的学术论辩》，《法学》2007年第10期，第8页。

学活动和学习活动中则处于严重缺位的状况①。在我看来，这个问题已经严重到了这样一个地步，即我们现在必须直面的甚至可以说不再是学术讨论缺位这个问题了，而毋宁是我们的硕士和博士研究生还有没有进行学术讨论的能力这个问题。②

他进而指出，由于"行政与学术不分""辈分与学术不分"这两种错误观点的盛行：

> 一方面使得我们在那些偶尔展开的学术讨论中大体上只能发现两种论式：一是"御用"或"注释"型论式，二是强化一己之论断的论式；而另一方面则促使广大硕士生和博士生渐渐形成了一种专门的对策：在学术讨论中要么大而化之胡乱吹捧，要么沉默不语。随着时间的推移，学术讨论在中国的研究生教育中不仅丧失了它应当具有的意义，而且人们也对这种学术讨论丧失了信心——在某种意义上讲，学术讨论甚至都成了一个人们避之不及的事情。更为糟糕的是，在这样的背景下，广大硕士生和博士生甚至遗忘了他们与老师甚或与他们自己的同学还有进行学术讨论的能力。③

时隔四五年之久，反观我国学术界，这一状况并未得到多少改善。这一"缺失"严重阻滞了我国学术的发展，不利用动态学术话语互动模式的形成，使学术研究陷入"僵局"（impasse），产生了以下两大后果：首先，提出的新思潮、新观点、新理念若不是经受了争议、辩难的层层考验，而是不加审视、不加分析、轻易接受了的话，容易助长学风浮躁情绪和学术不端行为。此外，由于意识不到"论

---

① 着重号为作者自行添加，为了强调。

② 邓正来：《学术讨论为什么缺位？——中国研究生教育的反思与批判》（http://dzlai.fyfz.cn/art/81447.htm）。

③ 同上。

辩"在学术观点、理论形成与发展中所发挥的关键作用，或者无法理解"知识""理论"等的论辩本质，使我们在中西学术交流中，缺乏批判精神，盲目迷信，无法参与并影响国际学术话语的生产与流通过程。关于这一点刘亚猛先生早在 2004 年就指出：

> 在国际学术界，几乎在所有研究领域，人们听不到中国学者独特的声音，感觉不到他们与众不同的视角。甚至连关于汉语言、中国文化和文学传统、中国历史这一类话题的国际话语都在事实上几乎完全是西方学术界的一言堂。①

本书正是针对上述问题，拟从历时和跨文化这两个视角对当代中国论辩研究中形成的那些基本设定在纵横两个维度上进行比较和批评，以期在此基础上为这一重要领域的健康发展勾勒出一个更有建设性的观念体系和理论框架。

二 选题的意义

正如刘勰所说，"一人之辩，重于九鼎之宝；三寸之舌，强于百万之师"②。论辩具有重大的社会意义和学术意义。首先，论辩取代强制与暴力，处理社会冲突与矛盾，协调社会群体行为，是人类社会进步与发展的标志。与行政手段、高压手段、经济手段相比，它更有利于化解社会矛盾与冲突，有利于维护社会稳定与发展。其次，学术话语的提出与发展需要论辩的认证与驱动。经受了层层争议与辩难而后被接受的观点、论述，与那些未经审视、验证的宣认（如通过个人信用、机构权威、行政等手段提出的观点）相比，肯定更可靠、更接近真相。正如李建强等在《辩论与论辩》一书中所论述的那样：

---

① 刘亚猛：《追求象征的力量——关于西方修辞思想的思考》，生活·读书·新知三联书店年 2004 年版，第 13—14 页。

② （梁）刘勰：《文心雕龙》，郭晋稀注译，岳麓书社 2004 年版，第 171 页。

辩论从古至今闪烁着智慧与理性的光芒，在知识密集、崇尚民主与科学的今天，辩论更加受到人们的重视，它是人们通过争辩阐发不同意见和主张、在竞争环境中进行批判性交流的语言形式。这种形式既可以通过思想的撞击、语言的交锋达到启发思维、追求真知的目的，同时，通过对一些热点问题的合理争辩，又可以成为对重大问题进行决策的有效手段。①

可惜，对于这一意义重大的课题，当前国内研究规模和投入都太小，而且理论探索存在着观念陈旧、脱离实际等问题。

1. 中国论辩研究的规模和投入

论辩作为一个学术研究对象在国内并没有引起跟自己的作用相称的注意和兴趣，零散分布在语言学、逻辑学、哲学、法学、演讲学等不同领域内，即便在这些学科内部也处于边缘地带。因而，论辩研究在中国并没有形成自己的研究团队，也没有专门的学术刊物。极少数的高等院校开设"论辩艺术""论辩竞技""实用论辩技巧"之类的选修课，旨在提高学生的逻辑思维和口、笔头表达能力，与我们所倡导的"解决意见分歧、协调群体行动、生产学术话语"等目标大异其趣。

2. 中国论辩理论探索

由于目前中国论辩研究带有的分散性、依附性和派生性等特征，当代中国论辩理论的探索基本上是基于逻辑学的范畴，即在现代主义智力秩序内构建关于"论辩"的各种表述，如强调"事实""真知""理性"等概念，而不是扎根于当代论辩实践，归纳抽象出其深层认定、特征等，再反过来对实践活动作出深度解释并发挥指导效能。这样一来，我国构筑的论辩理论不仅观念陈旧，而且与当代论辩实践脱节。

当前中国论辩研究中存在着的上述两大问题导致国内学术界对于

① ［美］奥斯丁·J. 弗里莱：《辩论与论辩》，李建强等译，河北大学出版社 1996 年版，译者的话。

中国论辩研究应如何发展仍然心中无数，是主要基于逻辑推理研究论辩规则与技巧，还是脱离当代中国话语框架，简单"引进"西方的论辩理论？是专注于研究辩论赛这一高度形式化与程序化的特殊论辩形态，还是将论辩作为人类的一种基本话语实践活动加以研究？这些对于论辩学科建设至关重要的问题至今仍未引起国内学术界的关注。本书同时引进历时及跨文化两个视角对当代中国的论辩研究现状进行比较研究，积极构筑一个有中国特色的论辩理论体系。

首先，本书所构建的论辩规范和实践模式，并非"盲目"引进西方的论辩理论，而是通过梳理我国古代论辩思想，发掘我国论辩传统的独特性，将其融入论辩规范和实践模式的构筑之中，这对于提高我们的"文化自觉"，尤其是在全球化语境内重构当代中国话语，意义重大。

其次，本书所构筑的论辩模式积极引进当代西方的主流论辩理论，而不是那些在西方早已过时的现代主义逻辑体系，为如何在复杂的语境下按照时代要求重构当代中国论辩规范和实践模式提供理论指导。唯有意识到西方有其历史悠久的雄辩传统、论辩实践、劝说模式，这些传统、实践、模式具有深层规范功能，决定什么样的说法在什么情况下是在理的，如何使用修辞资源才能收到最大效果而又不逾矩，才能更好地融入国际"对话"，提高我国的"软性权力"（soft power）。

再次，对当代西方的主流论辩理论进行系统梳理，揭示出论辩研究在当代西方话语研究，尤其是修辞研究中占有的重要地位，不仅能促进国内修辞学界重新审视论辩与修辞的关系，在修辞范畴内研究论辩，拓展国内修辞学界的研究范围；而且能促进国内学术界重新思考学术知识的"论辩本质"，意识到论辩不仅是学术话语合法的生成手段，而且是学术发展与创新的驱动力。唯有意识到各种观点的雄辩本源，掌握其生成规律，分析其论辩情境、论辩目的和论辩手段等，才能在中西方学术交流中避免盲目迷信，发扬批判精神，逐步参与并影响国际话语和知识的生产过程。

最后，本书还有助于我们重新审视论辩教育的作用与地位、如何提升大众的论辩意识与修辞意识等现实问题。此外，所构筑的论辩规范和实践模式对日常生活的论辩实践具有理论指导意义，使人们的论辩活动"有法可依"。

第二节　文献综述

目前，国内针对论辩作为人类的一项基本话语实践活动的研究尚未得到充分开展，关于论辩的种种似是而非的观念仍然大行其道。学术界并未以构筑"中国论辩文化"为着眼点进行相关的理论探索。

一　国内论辩研究现状及特点

1. 在逻辑学范畴内开展论辩研究

这一视角倾向于将"论辩"等同于逻辑学中的"论证"和"反驳"，认为论证己方观点正确与驳斥对方观点错误的实现都需要借助于正确的逻辑思维方式和严密的逻辑推理，即逻辑是论辩的核心。这样一来，逻辑思维的基本规律，如同一律、矛盾律、排中律、充足理由律就成了指导具体论辩实践的论辩原则；逻辑推理方法，如归纳推理法、演绎推理法、类比推理法等，也直接转化为"万能的"论辩方法。在这一理论框架内，逻辑规律与规则被认为是论辩的核心规律与规则；逻辑错误，即谬误，成为论辩误入歧途的基本原因和表现。这一研究主要集中在最近几年出版的普通逻辑学著作中[①]。

2. 在辩论学范畴内开展论辩研究

正如上文所述，在中文语境内，"论辩"等同于"辩论"。自改革开放以来，随着辩论赛的兴起，我国学术界将"辩论学"当作一门学科，从各个方面积极构筑关于论辩的表述。然而，这一理论构筑并未超越逻辑范畴所预设的框架与限制，虽然用词不同，但仍强调

① 具体请参阅何向东《逻辑学教程》（第2版），高等教育出版社2004年版，第236—261页；何向东《新逻辑学概论》，中国农业大学出版社2009年版，第322—353页；樊明亚《形式逻辑》（第2版），高等教育出版社2009年版，第210—218页。

"事实""真理""论证""推理""同一原则""充足理由原则"等。更为可惜的是，这一领域中的大部分学者虽然意识到论辩是人类社会中普遍存在的一种活动，有多种具体的表现形态，然而，在具体的行文中，他们却将注意力几乎全部集中于对"辩论赛"这一特殊论辩实践的关注。因此，他们所构筑的所谓"辩论学"或者"论辩原理"具有明显的局限性，对于指导与分析真实发生在现实生活中的论辩实践的效力也自然会大打折扣。这一研究主要集中在 20 世纪八九十年代以来，以"辩论学""论辩原理"等命名的著作中①。

3. 对论辩技巧与论辩方法的研究

即对"术"的研究。这一方面的研究成果颇多，主要从逻辑与语言这两个角度对其进行归纳和总结。如赵传栋②从中外典籍和现代日常生活中归纳总结出论辩取胜的技巧、战术、计谋等 280 条。再如，周葆峰编著的《论辩百法妙天下》③、李文彪编著的《语言的圈套——论辩实战胜术》④、陈准和周建设编著的《实用论辩艺术》⑤，还有一系列期刊论文也对此进行了研究，在此不一一列举⑥。

4. 对中国传统论辩思想的整理

这一整理并未按照当今社会现实的要求积极重新"构筑"，而是

---

① 具体请参阅冯必扬《通往雄辩家之路——辩论学导论》，上海人民出版社 1989 年版；赵传栋《论辩原理》，复旦大学出版社 1997 年版；李元授、李鹏：《辩论学》，华中理工大学出版社 1997 年版；冯双《辩论学》，广东高等教育出版社 2003 年版；李元授等《辩论学》（第 2 版），华中理工大学出版社 2004 年版。等等。

② 赵传栋：《论辩胜术》，复旦大学出版社 1996 年版。

③ 周葆峰：《论辩百法妙天下》，学苑出版社 1993 年版。

④ 李文彪：《语言的圈套——论辩实战胜术》，内蒙古人民出版社 2001 年版。

⑤ 陈准、周建设：《实用论辩艺术》，湖南科学技术出版社 1990 年版，第 43—112 页。

⑥ 具体请参阅刘建祥《论辩与智慧：能说善辩的诀窍》，湖南人民出版社 2007 年版；徐兴海、李群宝《中国古代论辩艺术》，陕西人民教育出版社 1992 年版；贾奎林《论辩传播述评：游说·社会·人生》，知识产权出版社 2008 年版；蒋彰明《试论〈大学语文〉部分篇章的论辩艺术》，《西北师范大学学报》（社会科学版）1989 年第 1 期，第 80—82 页；黄中建《论辩中的"投其所好"术》，《现代交际》1997 年第 6 期，第 12—13 页；黄中建《巧布疑阵 请君入瓮——论辩中的"诱敌就范"》，《现代交际》1997 年第 9 期，第 16 页；黄中建《论辩中的反控制技巧》，《公关世界》1997 年第 12 期，第 12、28—29 页；贺陶乐《先秦谏说、论辩的"曲线进击术"》，《延安教育学院学报》2003 年第 1 期，第 37—40 页。

从语言技巧、辞格的角度进行总结。可以说，当今中国学术界对古代论辩思想所取得的研究成果与将其放置在当时社会、历史语境内重新解读所得出的结论之间出现了观念断层。我们以国内学术界对《孟子》的研究为例①。20 世纪以来，几乎所有讨论《孟子》的文章都会论及其中的论辩艺术或论辩技巧，专门讨论这个问题的论文也有数篇，似乎并未忽略《孟子》的论辩特征。然而，仔细分析之后便会发现：这些文章具体的观点、内容虽然参差不齐，但有一个共同点，即把《孟子》的论辩性直接纳入散文艺术的概念下加以探讨，试图把《孟子》的论辩艺术或论辩技巧说成是其文学艺术的一个方面、一个部分、一种因素，仅对其进行"文本内"的分析，忽略了《孟子》这一文本形成之时的社会语境，缺乏对其发展过程的历史性把握，研究工作停留在历史现象的静态表面，文本的研究成为对一些文学要素的抽取和罗列。然而，论辩作为在特定历史、社会、文化语境中起关键作用的话语实践，其研究绝不可能仅体现出文学兴趣，而必须糅合哲学、社会学、修辞学、史学、语言学、心理学、人类学等多学科视角。

5. 对当代西方论辩理论的译介

这一方向还处于起步阶段，相当薄弱。从 20 世纪 90 年代至今，

①　具体请参阅张惠仁《孟子——我国古代辩对散文的开元者》，《四川师范学院学报》1980 年第 3 期，第 12—17、49 页；李竹君《〈孟子〉散文的论辩艺术》，《河北大学学报》1982 年第 2 期，第 139—146 页；姚宝元《〈孟子〉论辩艺术略论》，《河北大学学报》1987 年第 4 期，第 11—18 页；王泽宣《孟子的论辩艺术》，济南出版社 1996 年版；杨爱群《在论战中形成的论辩艺术——谈孟子辩术的形成及其特点》，《赣南师范学院学报》2001 年第 4 期，第 20—22 页；唐先进《〈孟子〉论辩艺术简论》，《安徽文学》2006 年第 8 期，第 11—12 页；曾义《〈孟子〉散文论辩艺术特征新论》，《乐山师范学院学报》2006 年第 10 期，第 17 页；赵建国《孟子散文的论辩艺术研究》，硕士学位论文，兰州大学，2007 年；等等。

国内学者译介的当代西方论辩理论专著仅有 4 本①，主要集中在引进语用—辩证学派与非形式逻辑运动的部分研究成果②，而且引进的成果主要运用在哲学、逻辑、法律等领域，并未引起国内修辞学界的注意，也没有积极转化为指导我国论辩实践与构筑当代论辩规范的理论依据。

但是，这些状况近年来也有所改变。如：樊明明在《修辞论辩的

---

① ［荷］弗朗斯·凡·爱默伦、［荷］罗布·荷罗顿道斯特：《论辩交际谬误》，施旭译，北京大学出版社 1991 年版；［美］奥斯丁·J.弗里莱：《辩论与论辩》，李建强等译，河北大学出版社 1996 年版；［荷］弗朗斯·凡·爱默伦、［荷］罗布·荷罗顿道斯特：《批评性论辩——论辩的语用辩证法》，张树学译，北京大学出版社 2002 年版；［荷］弗朗斯·凡·爱默伦、［荷］汉克曼斯：《论辩巧智：有理说得清的技术》，熊明辉、赵艺译，新世界出版社 2006 年版。

② 具体请参见武宏志、丁煌《非形式逻辑论》，《延安大学学报》（社会科学版）1992 年第 3 期，第 3—8 页；丁煌、武宏志《谬误研究史论》，《湖北师范学院学报》（哲学社会科学版）1995 年第 5 期，第 41—48 页；武宏志、马永侠《谬误研究》，陕西人民出版社 1996 年版；武宏志《若干新的谬误模式》，《佳木斯大学社会科学学报》2000 年第 5 期，第 44—46 页；武宏志《"非形式逻辑"与"论证逻辑"——兼评刘春杰的〈论证逻辑研究〉》，《延安大学学报》（社会科学版）2000 年第 1 期，第 3—8 页；马永侠、武宏志《谬误理论的新进展》，《安徽大学学报》（哲学社会科学版）2002 年第 3 期，第 44—47 页；赵利《20 世纪非形式逻辑的发展》，《学术研究》2002 年第 11 期，第 56—59 页；马永侠《论证的一般规范与谬误分析》，《延安大学学报》（社会科学版）2004 年第 4 期，第 5—9 页；武宏志《"非形式逻辑"的概念及其义理》，《青海师范大学学报》（哲学社会科学版）2004 年第 6 期，第 51—55 页；熊明辉《语用论辩术——一种批判性思维视角》，《湖南科技大学学报》（社会科学版）2006 年第 1 期，第 41—46 页；熊明辉《非形式逻辑的对象及其发展趋势》，《中山大学学报》（社会科学版）2006 年第 2 期，第 71—75 页；熊明辉《非形式逻辑视野下的论证评价理论》，《自然辩证法研究》2006 年第 12 期，第 22—25、41 页；赵艺、熊明辉《语用论辩学派的论证评价理论探析》，《自然辩证法通讯》2007 年第 4 期，第 32—36 页；张树学《关于 ad hominem 论证合理性实证研究》，《大连理工大学学报》（社会科学版）2007 年第 2 期，第 81—85 页；张树学《论辩的语用辩证理论研究与实践》，《外语与外语教学》2007 年第 9 期，第 28—31 页；马永侠《谬误研究的新修辞学视角》，《延安大学学报》（社会科学版）2008 年第 1 期，第 12—15、35 页；李永成《论辩理论研究的新视角——沃尔顿新论辩术理论述评》，《重庆工学院学报》（社会科学）2008 年第 11 期，第 29—34、46 页；马永侠《分析与评价谬误的新方法——以沃尔顿对"针对人身"论证的研究为范例》，《延安大学学报》（社会科学版）2009 年第 1 期，第 12—19 页。

机制》① 一书中，采用论辩的修辞学研究方法，将课题限定在修辞学
范围内，通过大量的实例分析探讨了修辞论辩的机制，即：言说论辩
活动中演讲人究竟使用哪些论辩手段来合理维护自己的观点，这些论
辩手段的功能以及相互关系如何，他们在言语表达上有何特点等。然
而，该著作构建的所谓"修辞论辩"主要基于亚里士多德关于 logos、
ethos、pathos 的论述以及西方对谬误研究的一些成果，未能将论辩置
放于其社会文化语境中加以审视；所分析的实例基于俄语语料，未涉
及国内的论辩实践；对中国传统的论辩思想虽有所论述，但并未跳出
逻辑范畴的局限。

　　国内真正从西方修辞学的角度对论辩予以关注的是刘亚猛的《追
求象征的力量：关于西方修辞思想的思考》②。该书虽未专门开辟章
节论及论辩，但其中提出的一些相关论点已足以振聋发聩，无论是对
从事论辩实践研究，还是从事论辩理论研究的学者们都极具冲击力。
书中从西方修辞的视角对事实与雄辩的关系、道理与权威的关系进行
全新的阐述，颠覆了国内学者一些原有的、根深蒂固的观念，如"事
实胜于雄辩""以理服人、以势压人"等，对于论辩理论的构筑有积
极的指导意义。他的另一部专著《西方修辞学史》③ 虽以"修辞学"
史命名，亦可称为"论辩学"史，因为西方从古希腊开始，论辩一
直是修辞学的核心研究成分。只是到了现代，受西方现代主义思潮的
影响，论辩划归为逻辑的范畴而已。书中第九、第十章关于当代西方
修辞的结构特征和理论形态的表述，对我们如何构建当代中国论辩理
论提供了理论依据，即：

　　　　不仅应摆脱形式主义研究传统的束缚，将论辩与基于个人的
　　"逻辑推理"脱钩，超越在逻辑语义学的狭小框架内对推理和思

　　① 樊明明：《修辞论辩的机制》，军事谊文出版社 2003 年版。
　　② 刘亚猛：《追求象征的力量——关于西方修辞思想的思考》，生活·读书·新知三
联书店年 2004 年版。
　　③ 刘亚猛：《西方修辞学史》，外语教学与研究出版社 2008 年版。

维的"正确形式"进行学究式的研究，还应顺应"修辞转折"的浩荡潮流，以研究"对话逻辑""非形式逻辑""辩证"等名义一步步地将对论辩的研究引回到其"双向互动"的实践本源，实现对论辩学的修辞改造，使之承担起研究在真实的社会文化语境中，人们如何运用"自然语言"就"政治、法律、科学和日常生活等所有方面出现的争议进行说服活动"和"批判性分析"的新任务。①

综上所述，国内的论辩研究主要有以下几个特点：（1）研究群体主要由哲学研究者与语言研究者组成。（2）研究重心集中在论辩实例，尤其是"辩论赛"这一特殊论辩形态，所表现出来的逻辑推理技巧与语言艺术。（3）研究视角和方法多从某一个具体的角度来审视论辩实践，鲜有多角度多层面的研究。

二　国外论辩研究现状及特点

国外当代论辩研究源于古典修辞传统，取得了令人瞩目的发展，成果主要以专著和期刊论文的形式出现，论文主要发表在 *Argumentation*、*Informal logic*、*Central States Speech Journal* 等专业期刊上。国外论辩研究主要分为以下几个方面：（1）Chaim Perelman 的论辩研究。*La Nouvelle Rhétorique：Traité de l'Argumentation*（1958/1969）、*The Realm of Rhetoric*（1970）、*Logique Juridique：Nouvelle Rhétorique*（1976）、*The New Rhetoric and the Humanities：Essays on Rhetoric and Its Applications*（1979）等将论辩看成是一种"新修辞"，指出能够胜任这一解释工作的理论模式必须基于自然语言，以真实语境为前提，并充分考虑言说者与受众这两个能动因素以及它们之间的互动。

---

① Walton Douglas N. and Erik C. W. Krabbe, *Commitment in Dialogue：Basic Concepts of Interpersonal Reasoning*, Albany：State University of New York Press, 1995, pp. 2—6. Walton Douglas N., *Informal Logic：A Handbook for Critical Argumentation*, Cambridge：Cambridge University Press, 1989, p. ix. 转引自刘亚猛《西方修辞学史》，外语教学与研究出版社 2008 年版，第 309—310 页。

（2）Stephen Toulmin 的论辩研究。*The Uses of Argument*（1958/2003）、*Human Understanding*：*The Collective Use and Evolution of Concepts*（1972）、*Cosmopolis*：*The Hidden Agenda of Modernity*（1990）、*Return to Reason*（2001）等试图将推理从几何学的模式中解放出来，突破了传统逻辑中"前提—结论"的束缚，提出动态、辨证的论辩模式，强调论辩应关注语境、领域等因素的影响。（3）非形式逻辑学家们的论辩研究。Howard Kahane（1971）、Stephen Thomas（1973）、Michael Scriven（1976）、Ralph H. Johnson、J. Anthony Blair（1977/1996）、Trudy Govier（1987）、Douglas Walton（1989/2006）、Mark Weinstein（1990）、Hans Hansen、Robert Pinto（1995）等为分析、解释、评价、批评以及重构在日常生活中发生的论辩提供"非形式化"的规则、标准、程序等。（4）语用—辨证学派的论辩研究。*Speech Acts in Argumentative Discussions*：*a Theoretical Model for the Analysis of Discussions Directed Towards Solving Conflicts of Opinion*（1984）、*Argumentation, Communication, and Fallacies*：*A Pragma-Dialectical Perspective*（1992）、*Reconstructing Argumentative Discourse*（1993）、*A Systematic Theory of Argumentation*：*the Pragma-Dialectical Approach*（2004）、*Strategic Maneuvering in Argumentative Discourse*（2010）等提倡"批判性讨论"，提出了旨在解决意见分歧的论辩讨论的理想模型。

总体来说，国外的论辩研究有以下几个特点：（1）研究群体主要由哲学、逻辑学、修辞学、语用学等领域学者组成。（2）研究重心在于以研究"对话逻辑""非形式逻辑""辨证"等名义一步步地将对论辩的研究引回到其"双向互动"的实践本源，使之承担起研究在真实的社会文化语境中，人们如何运用自然语言就政治、法律、科学和日常生活等所有方面出现的争议进行说服活动和批判性分析。（3）跨学科的研究视角。从哲学、逻辑、言语交流、辨证学、伦理学、社会学等多个角度对论辩进行研究。

国内外的论辩研究虽然已取得了丰硕的成果，但仍存在以下不足之处：（1）国内外的研究者由于各自学术背景的缘故，要么在现代主义智力秩序内构建关于"论辩"的各种表述，要么迎合后现代主义思潮探讨论辩，两者都不失有偏颇之处。（2）国内的研究视角还不够开阔，论辩研究主要还是依据逻辑理论，源自于其他学科的研究还不够丰富。（3）国内现有研究在微观层面上讨论论辩技巧，论辩的文化属性、社会功用、论辩与话语的关系等宏观问题并未得到国内论辩研究者们应有的关注。

鉴于以上的国内外研究现状，特别是国内的研究形势，我们认为论辩研究的发展趋势是突破源于西方的逻辑学所构筑的研究视野，融合多种视域，从多个学科角度去研究。可以预见，在不久的将来，国内论辩研究无论是在研究层面、研究角度还是研究方法上都将呈现多元的格局。从历时、跨文化的视角对当前国内论辩研究范式展开研究，在广度和深度上都有很大空间，具有重要的理论意义和现实意义。

三　研究问题的提出

从文献综述可以看出，我国的论辩研究主要存在以下三大问题：（1）论辩研究与当前我国社会文化发展现状相脱节；（2）对当代中国论辩实践与源远流长的论辩传统之间的关系缺乏应有的认识；（3）对于西方当代修辞—论辩思想理论发展缺乏深入了解，对如何以其为重要参照建设我国自己的论辩学更尚未有清楚认识。针对此，本书拟解决以下四个关键问题：（1）当代中国论辩研究有哪些基本设定及其形成原因；（2）中国当代论辩研究与中国传统论辩思想之间存在怎样的关系；（3）中国当代论辩研究与当代西方主流论辩理论之间存在什么关系；（4）当代中国论辩研究应如何发展。

第三节　研究目标、内容及方法

一　研究目标

通过对当代中国论辩研究进行历时及跨文化两个方面的纵横比较，旨在揭示出中国当代论辩理论与中国传统论辩思想、当代西方论辩理论的关系，为如何在复杂的语境下按照时代要求重构中国论辩规范和实践模式提供理论和实践指导。

首先，以我国论辩传统和西方当代主流论辩理论为参照点，重新构筑当代中国的论辩规范和实践模式，不仅有助于构筑我们的文化"自我意识"，而且能帮助我们更好地融入国际对话，抢占话语制高点。

其次，论辩研究，尤其是从修辞范畴对其进行研究，在国内学术界尚有大片的空白。本书以中国当代论辩研究现状为切入点，融合历时及跨文化视角，对当代中国论辩思想进行全面、系统地研究，希望能为国内学术界提供一幅有关中国论辩学发展的清晰线路图。

再次，当前国内论辩研究侧重于关注论辩的技术性问题，而本书不仅汲取中国古典论辩思想中的精华，而且积极吸收西方当代的主流论辩理论，关注论辩的文化属性、社会功用、与话语的关系等宏观问题，希望能在此基础上为这一重要领域的健康发展勾勒出一个更有建设性的观念体系和理论框架。

二　研究内容

梳理中国当代、中国古代、西方现当代的论辩研究，揭示出中国当代论辩研究与中国传统论辩思想、当代西方主流论辩理论之间的关系，为当代中国论辩研究应如何发展提出富有建设性的意见与建议。具体内容包括六个部分，第一部分为绪论，主要包含选题理由与意义、文献综述、研究目标、内容与方法三个小部分；第一章纵观当前中国论辩研究的现状，归纳整理其所形成的基本认定，并分析这些基本认定的形成原因；第二章为历时比较研究部分。以先秦时期诸子的论辩思想为论述重点。然后，以我国论辩传统为参照点对当代中国论辩研究现状进行批判性审视；第三章为跨文化比较研究部分。以发生在20世纪六七十年代的论辩研究范式的转换为出发点，系统梳理当代西方的主流论辩理论——凯姆·帕尔曼的论辩理论、斯蒂芬·图尔敏的论辩模式、非形式逻辑学派、语用—辩证学派等的论辩理论，分析这些主流论辩学派的基本认定，以及揭示这些认定对在当今社会形势下如何重新构筑我国论辩规范与实践模式的启示意义；第四章首先解构我国当前论辩研究中存在的几个问题，然后以此为基础，在修辞学框架内重新解读与构筑中国当前的论辩研究；最后一部分为全书总结。

三　研究方法

本书拟跳出国内现有的研究视野、理论框架与研究方法，即超越在逻辑范畴内研究论辩，从修辞这一新视角重新审视和思考当代中国的论辩规范和实践模式。从"论辩是一特殊的修辞样式"这一设定出发，将我们的注意力集中在如何参照中国传统论辩思想与当代西方修辞理论、话语理论与主流论辩理论构筑具有我国特色的论辩学和论辩文化。

本书拟从分析国内当代论辩研究的现状入手，对其进行纵横维度、历时与共时、文化内与跨文化并举的比较研究，做到既有宏观思维、又有微观的具体分析，既做到全局性的把握，又能层层深入、以小见大。本书采取阅读与写作相结合，点、线、面相结合的方式，对研究问题各个击破，完成全书的分析、比较、研究与论证。

第一章

当代中国论辩研究现状及分析

正如文献综述所述，当代中国学术界主要从逻辑学范畴研究论辩，关注辩论赛这一模拟论辩实践中所运用的逻辑思维技巧与语言艺术。这一特定的研究视角决定了当代中国论辩研究的兴趣所在，即在微观层面上集中讨论论辩的技术性问题。这样一来，论辩的文化属性、社会功用、论辩与话语的关系等宏观问题并未得到国内论辩研究者们应有的关注。本章拟从当代中国学术界对论辩进行研究的几个范畴出发，提取出当代中国论辩研究所形成的基本设定，并进一步分析其形成原因。

第一节 "论辩"本身的研究

不论是将论辩定义为"不同思想观点之间的语言交锋"[①]，还是"探求真理、驳斥谬误、获取知识的重要手段"[②]，中国学术界都倾向

---

① 参见赵传栋《论辩原理》，复旦大学出版社 1997 年版，第 1—2 页；周彬琳《实用演讲与口才》，东北财经大学出版社 2000 年版，第 127 页；晏培玉《高职应用语文》，湖北科学技术出版社 2008 年版，第 78 页。

② 参见冯必扬《通往雄辩家之路——辩论学导论》，上海人民出版社 1989 年版，第 2 页；唐承彬、马卫国《演讲·口才·成功》，安徽教育出版社 1989 年版，第 206—208 页；永华等《实用论辩技巧》，东方出版中心 1999 年版，第 11 页；高明光等《论辩论》，中国青年出版社 2000 年版，第 1 页；周彬琳《实用演讲与口才》，东北财经大学出版社 2000 年版，第 127 页；何向东《逻辑学教程（第 2 版）》，高等教育出版社 2004 年版，第 236 页；刘明明《经济思维逻辑》，清华大学出版社 2006 年版，第 234—235 页。

于将论辩等同于逻辑学中所讲的"论证"和"反驳"①，认为其表现形式是立论者和驳论者围绕同一个论题所展开的"论"与"辩"，其实质就是论辩双方力求论证自己所提出观点的正确性，批驳对方所持论点的谬误性，以揭露谬误、探求真理为终极目的。也就是说，人们就某一具体话题阐述彼此对立的主张，以"摆事实，讲道理""以理服人"等理性方式，进行针锋相对、相互交替的提问和回答，经过论证、反驳等逻辑推理，说服对方接受己方的主张或接受己方对其的质疑、否定。论证与反驳是确定主张正确与否的最根本和最重要的理性手段，是论辩的核心，二者缺一不可。

　　在论辩过程中，论证和反驳是对立统一的两个方面。说它们是对立的，是因为二者系两种不同的思维过程。论证是"立论"，是确定某一判断为真，其主要作用是探求真理，宣传真理；反驳是"驳论"，是确定某一判断为假，或确定某一论证不能成立，其主要作用是揭露谬误，维护真理。说它们是统一的，是因为二者是相互依存、互为补充的。论证谓之"立"，反驳谓之"破"，不有所"破"就不能有所"立"，要有所"立"就得有所"破"。论证某一判断，就意味着反驳与之具有反对关系或矛盾关系的判断；反驳某一判断，就意味着论证与之具有矛盾关系的判断。②

这一定义表明论辩包含以下三个基本要素：①论题，即论辩双方的争论对象与论争焦点。围绕这一问题，立论者和驳论者各自提出相互对立的观点。②论辩主体，他们是论辩行为的施行者，论辩中持不同意见的双方，即立论者和驳论者。在论辩实践中，论辩主体始终处

---

① 论证指的是引用一个或一组判断通过逻辑推理来确定某一判断的真实性的思维过程；反驳是引用一个或一组判断通过逻辑推理来确定某一判断的虚假性或确定相关论证不能成立的思维过程。何向东：《新逻辑学概论》，中国农业大学出版社 2009 年版，第 323 页。

② 何向东：《新逻辑学概论》，中国农业大学出版社 2009 年版，第 323 页。

于最重要、最关键的地位。③论辩方式，即论证、反驳等逻辑推理，借以表达自己的观点和主张，同时驳斥对方所持的论点。经过对某一问题的证明、质疑、辩驳，论辩双方最终达到认识真理、揭露谬误的目的①。作为思想和语言的交锋活动，论辩有以下几个鲜明特征②：

（1）论点对立

论辩双方针对某一话题的观点应是截然对立的，至少是有明显分歧的。没有这一分歧，便没有论辩。论辩中，各方总是企图论证自己观点的正确性，又要针锋相对地批驳对方的观点，希望说服对方赞同自己的观点。

（2）论据充足

论辩双方一方面须论证自己观点正确，论据充分，表述合乎逻辑。此外，还须运用逻辑武器，从对方的阐述中寻找纰漏，进攻对方的论据、论证，揭露其荒谬性。因此，论辩中，对论题的赞成与否定应当是一系列论证推理的结果，不能简单地肯定和否定。

在实际论辩中，论辩双方可以针对特定论题，根据具体需要采用演绎推理、归纳推理、类比推理等形式，展开辩驳诘问，力求战胜对手，以扬真理、明是非、辨曲直为目的。

（3）论证公正

论辩以探求真理、揭露谬误作为自己的根本目的。在论辩中，双方应持客观公正的态度，以理服人，不能感情用事，以权压人。

---

① 参见曹美菊《口才·逻辑·语言》，湖南师范大学出版社 2000 年版，第 186—187 页；李文彪《语言的圈套——论辩实战胜术》，内蒙古人民出版社 2001 年版，第 3 页；刘明明《经济思维逻辑》，清华大学出版社 2006 年版，第 238 页。

② 参见赵传栋《论辩原理》，复旦大学出版社 1997 年版，第 6 页；周彬琳《实用演讲与口才》，东北财经大学出版社 2000 年版，第 128—129 页；高明光《论辩论》，中国青年出版社 2000 年版，第 6 页；姜燕《实用口才艺术》，山东教育出版社 2001 年版，第 299—301 页；周彬琳《实用口才艺术》，东北财经大学出版社 2002 年版，第 92—93 页；曾湘宜《演讲与口才》，北京工业大学出版社 2006 年版，第 138 页；刘明明《经济思维逻辑》，清华大学出版社 2006 年版，第 237 页。

第二节 "论辩阶段"的研究

论辩作为相互对立思想的交流过程，总是由开始、展开和终结这三个阶段构成。它们缺一不可，缺少了任何一个阶段都不是完整的论辩。

一 开始阶段

首先，提出合乎要求的论题。冯必扬认为，提出的论题应满足以下三个要求：一是用词须明确，不可用含糊不清，有歧义的语词；二是所论辩的应为那些是非界限不太明确，而通过论辩又可以明确的问题；三是论题应具有认识和实践的价值，有益于帮助人们认识世界和改造世界①。

其次，有了这一能引起争论的论题，论辩双方就可以发表自己的观点了。先针对论题发表看法的称为立论者，他所提出的观点为立论者的观点。否定立论者观点的那一方称为驳论者，其观点称之为驳论者的观点。驳论者可以通过"既破又立"②"只破不立"③"只立不破"④ 等方式提出自己的观点。

论辩双方针对辩题表明自己的立场、态度，提出相互对立的见解和观点。论辩的开始阶段即告一段落。相互对立的思想出现之后，紧接着论辩就进入了双方相互反驳和辩护的展开阶段。

---

① 冯必扬：《通往雄辩家之路——辩论学导论》，上海人民出版社 1989 年版，第 91—92 页。

② 即既否定立论者的观点又提出自己对论题的看法。

③ 即只指出立论者的观点不成立，而不提出自己对论题的看法。

④ 即驳论者不直接反驳立论者的观点而只提出自己对论题的看法，然而，他的看法又与立论者的观点相对立。

二　展开阶段①

在展开阶段，立论者与驳论者围绕论题展开论辩，对自己的观点进行辩护和对对方观点予以驳斥，反驳与辩护交互进行。这一阶段是决定论辩胜负的关键，也是整个论辩最激烈、最精彩的阶段。

所谓反驳，就是要推翻对方的论证，指出其虚假性与荒谬性，进而驳倒对方的观点。任何一个论证都是由论点、论据、论证方式这三个因素构成的，所以，反驳的对象不外乎反驳论点②、论据③和论证方式④这三个方面。

在驳论者具体反驳立论者的观点之后，如果立论者无力回击，那么这场辩论就结束了。但事实上，事情要复杂得多，对驳论者的反驳，立论者往往并不信服，要为自己的观点辩护，辩护是对对方反驳的否定，对自己论点的护卫。由于辩护是对反驳者的反驳，因而，辩护的对象也是针对论点、论据、论证方式这三个方面。

立论者辩护之后，驳论者如果发现立论者的辩护还不能自圆其说，还有矛盾，那么还可以反驳。驳论者再次反驳之后，立论者也可以再辩护。这样一来，在论辩的展开阶段，辩驳往往呈现如下过程：反驳—辩护—再反驳—再辩护……在实际辩论中，辩护和反驳往往是

---

①　由于论辩的展开阶段就是论辩双方不断进行反驳和辩护的过程，因此，也可称为辩驳阶段。

②　反驳论点，即是驳论者证明立论者论点的虚假性，可通过验证其是否与事实、正确的理论、自身等相矛盾，予以批驳。

③　反驳论据就是证明对方支持论点的论据、理由的虚假性。然而，反驳了论据并不就意味着驳倒了论点，只是说明对方用以论证论点的理由是错误的，也就是说，论据虚假，只是否定了理由，但不能以此就证明论点也一定是虚假的。

④　论证方式是用论据来证明论点时所采用的推理形式。推理形式有正确与错误之分，因而，论证方式就有是否正确的问题。驳论者只要发现对方的论证方式有错误就可以作为批驳的对象，即指出对方的论证方式不符合逻辑规则，由对方的论据不能必然推导出对方的论点来。当然，反驳了对方的论证方式只是揭露对方的论据与论点之间没有必然联系，即对方的论据不是其论点的充足理由。不能以为批驳了对方论证方式的错误，对方的论点也一定就是错误的。要驳倒对方的论点，在反驳对方的论证方式之后，还必须对其论点进行批驳。

交汇在一起的，常常是反驳中有辩护，辩护中有反驳。有时甚至辩论几个回合后，辩护者成为驳论者，驳论者反而成为辩护者了。

三　终结阶段

论辩终结阶段是分清是非正误的阶段，是论辩的落脚点和归宿。在这个阶段，通常的情况是，各方通过充分论辩，对辩题取得了正确的认识，或者一方将另一方辩倒了，一方的观点将辩题解决了，或者双方达成协议，论辩也就终止了。

第三节　"论辩类型"的研究

论辩是一种广泛存在的社会现象，其表现形式是多种多样的，不同形式的论辩有着不同的特征。要全面地把握各种论辩的性质、特征，它们之间的区别与联系，它们的规律和要求，就必须对论辩进行分类研究。这是论辩学研究的一个重要课题，对人们的论辩实践有着重要的指导意义。因此，本小节从两个方面，即不同的论辩分类标准与具体的论辩实践，对这一论辩研究范畴进行研究。

一　论辩分类

当前中国学术界根据不同的标准，对论辩作出了以下不同分类[①]：

（1）根据论辩所运用的工具不同，可分为口头论辩、书面论辩、网络论辩等。口头论辩指的是论辩者运用口头语言进行交锋，具有严格的时间限制，要求论辩者语言简洁、反应灵敏；书面论辩以书面语言为工具，与口头论辩相比，时间性要求不强，但流传的范围更广。网络论辩指的是利用互联网而展开的论辩。

---

① 参见冯必扬《通往雄辩家之路——辩论学导论》，上海人民出版社 1989 年版，第 18—48 页；赵传栋《论辩原理》，复旦大学出版社 1997 年版，第 22—48 页；刘明明《经济思维逻辑》，清华大学出版社 2006 年版，第 239—241 页；冯双《辩论学》，广东高等教育出版社 2003 年版，第 2—3 页。

（2）根据论辩主体的多少，可分为自辩和他辩。前者是针对某一问题，不同思想观点在某个人头脑内部论辩的过程，具有内部性、模糊性、隐蔽性等特点。一般所说的"自我批评""和自己的错误观点作斗争"就是一种自辩。后者是由两个或两个以上人参加的论辩，又可进一步细分为两方论辩和多方论辩。两方论辩是指针对某一论题，论辩主体持有两种相互对立的观点，具有责难性、辩驳性强等特点，一般的辩论赛都是两方论辩。根据参加人数的多少，还可以分为一对一、一对多、多对多。多方论辩是指围绕着某个问题有多种观点（三个或三个以上），参与论辩的观点较多，人数也多，往往会呈现"公说公有理，婆说婆有理"的局面。一般的"学术争鸣"属于多方论辩。

（3）根据论辩气氛来分，可以分为愉悦式论辩和敌对式论辩。愉悦式论辩指的是论辩双方在轻松、愉快的气氛中，以真诚、友好的态度进行论辩，旨在搞清论题的是非、加深对所辩对象的认识。各方都以服从真理为原则，谁的认识正确就诚恳接受谁的观点。敌对式论辩指的是在紧张的气氛下，论辩双方语气强硬，不怀好意，甚至怀有敌意，以驳倒、战胜对方为主要目的，甚至以攻击对方的人格为目的，因此，这种论辩是不值得提倡的。在这一情况下，要防止诡辩，防止论辩沦为争吵。然而，这两种论辩之间并没有一条不可逾越的鸿沟。有些论辩开始是愉悦式的，到最后却有可能转换成敌对式的；有些开始是敌对式的，由于问题处理得好，最终也可成为愉悦式的。

（4）根据论辩主体是否事先有准备来分，可以分为有准备的论辩和无准备的论辩。有准备的论辩，通常又称之为专题论辩，是指论辩双方在论辩发生之前就知道，并且为之做了准备工作。这种论辩的胜败取决于准备工作的充分程度和论辩者临场发挥的水平。典型的有准备论辩包括辩论赛、学术争鸣、论文答辩、决策论辩、法庭论辩、外交论辩、竞选论辩等。无准备的论辩是指在论辩之前，论辩一方或双方都没有做准备工作，具有突发性、即兴性及随意性等特点。如果一方没有准备而另一方作了准备，无准备的一方就需要沉着冷静、思维敏捷，有娴熟的论辩技巧和快速的应变能力；如果双方都没有准备，往往是因某种巧合，各方在无意中引起的论辩。这时要想夺得论辩的胜利，往往取决于论辩者的论辩经验、应变能力和临场水平的发挥程度。

（5）根据论证方法是否正确及其目的来分，可分为雄辩、诡辩与巧辩。雄辩是为了捍卫真理，其论据确凿无疑，论证逻辑严密；诡辩是为谬误所做的似是而非的论证；巧辩其论点是正确的，然而其论证方法却巧妙地包含着人们一时难以识别的逻辑错误。

二　具体的论辩实践

根据上述不同的分类标准，论辩实践主要表现为以下几种具体的论辩形态[①]：

（1）学术论辩

学术论辩就是针对某一学科领域中有争议的问题所展开的争鸣、争论，旨在探寻真理，正确认识客观事物的本质及其规律，是形成科学理论、促进科学发展的重要手段。这一论辩实践要求参与论辩的各方持有严谨、负责的科学态度，勇于坚持真理，以理服人，不迷信权威，更不能搞人身攻击。

（2）法庭论辩

法庭论辩指的是在法庭诉讼阶段，诉讼双方依据法律程序，就调查的事实和证据应如何认定，是否构成犯罪，或罪轻罪重等问题所进行的论证与反驳。论辩是法庭审理案件的一个重要环节。在此过程中，论辩双方应坚持"以事实为根据、以法律为准绳"的原则，实

---

① 参见冯必扬《通往雄辩家之路——辩论学导论》，上海人民出版社 1989 年版，第29—48 页；季世昌、朱净之《对话·演讲·论辩》，江苏教育出版社 1990 年版，第 17—18页；赵传栋《论辩原理》，复旦大学出版社 1997 年版，第 33—40、44—48、333—370 页；李元授、李鹏《辩论学》，华中理工大学出版社 1997 年版，第 31—45 页；永华等《实用论辩技巧》，东方出版中心 1999 年版，第 19—21 页；曹美菊《口才·逻辑·语言》，湖南师范大学出版社 2000 年版，第 194—199 页；周彬琳《实用演讲与口才》，东北财经大学出版社 2000 年版，第 129—131 页；李文彪《语言的圈套——论辩实战胜术》，内蒙古人民出版社 2001 年版，第 4—7 页；李元授等《辩论训练》，武汉大学出版社 2003 年版，第 14—28页；李元授等《辩论学》（第 2 版），华中理工大学出版社 2004 年版，第 34—50、379—537 页；曾湘宜《演讲与口才》，北京工业大学出版社 2006 年版，第 138—139 页。

事求是地论述案情，依据法律条款来分析事实，以理服人，不搞人身攻击，不以势压人，不感情用事。

（3）答辩式论辩

答辩是就别人的提问进行的答复和辩解，即答辩人为自己的观点、主张进行辩护和对与自己对立的观点、主张进行辩驳的过程。常见的答辩类型有论文答辩、竞选答辩、议会答辩、投标答辩、答记者问，等等。我们日常所说的答辩，经常是专指论文答辩。

（4）谈判

谈判是利益相关而又充满矛盾的各方为了满足一定的需要，围绕某个问题所展开的面对面式会谈、磋商，旨在谋求一致，达成协议。为了利益最大化，成本最小化，各方都会竭力施展辩才，说服对方接受自己的观点、立场，按照自己的意图解决问题。因此，谈判即是谈判各方为利益论辩的过程。谈判的范围极为广泛，包含政治、经济、军事、外交等领域。谈判有的是双方的，有的是多方的，多为有准备的论辩。

（5）决策论辩

决策论辩指的是行动之前，参与决策的人们围绕不同的行动目标、手段、方案等问题所展开的辩论，旨在得出正确的决策，指导人们的行动。

（6）日常论辩

日常论辩主要是指在日常生活和工作中，人们围绕针对某一问题所产生的意见分歧而展开的论辩，以说服对方接受自己观点与建议为目的。这类论辩大多是以口头方式、即兴进行的，很难事先准备。

（7）辩论赛

辩论赛是将论辩作为一种比赛项目来进行的演练活动，即通过抽签把论辩队员分成正反两方，各方就某一特定的辩题，按照一定的规则①论证自己的观点和反驳对方的观点，并由评判团评出胜负的一种有组织的论辩活动，旨在锻炼人的思维能力、应变能力和机智的表达

---

①　关于论辩的参赛人员、论辩程序、发言时间和次序、论辩的组织形式及评判方法都有严格的规定。

能力。因此，辩论赛通常又被称为模拟论辩或者假想性论辩。对这一特殊论辩形式的研究几乎等同于目前我国学术界对论辩的全部研究①。

此外，还有审讯论辩、外交论辩、竞选论辩、政治论辩、教学论辩等多种具体表现形式。

第四节　"论辩方法"的研究

论辩者在论证己方观点正确的同时，还应驳斥对方观点所具有的错误性与荒谬性，以使对方放弃疑虑，改变原有的态度、观点或行为为最终目标。论辩双方彼此之间在论与驳、立与破的转换、承接、交替之中实现各自的目标。为了确保这一目标的实现，论辩双方均需精心选择适当的论辩方法。然而，由于论辩双方意见不同之原因因事而异，论辩者的文化素养、社会地位、年龄、个性等也千差万别，因此，他们所采用的论辩方法林林总总，不一而足。

尽管如此，当前中国学术界关于如何实现这一论辩目标达成了基本共识，即论辩者需要借助逻辑思维方式，依赖严密的逻辑推理论证自己的观点和批驳对方的观点。当前学术界普遍强调逻辑在论辩中的地位和作用②。正如何向东在《逻辑学教程》中所论述：

> 辩论者要达到"使人知"，尤其是"使人信"的目的，就得恰当灵活地运用严谨的逻辑证明和有力的逻辑反驳。因此，会经常交叉使用演绎、归纳和类比推理，而且穿插使用象征、比喻、比较、对照、事实证明、权威论证等来进行立论，或反驳对方的

---

① 参见赵传栋《论辩原理》，复旦大学出版社 1997 年版，第 47—48、333—370 页；冯双《辩论学》，广东高等教育出版社 2003 年版；李元授等《辩论学》（第 2 版），华中理工大学出版社 2004 年版，第 45—48、379—537 页。

② 具体请参阅永华等《实用论辩技巧》，东方出版中心 1999 年版，第 69 页；张莉、黄俊英《语言素质概论》，西安地图出版社 2002 年版，第 303 页。

论题、论据和论证方式。①

论辩者用于论证自己观点正确与反驳对方观点错误的方法主要有②：

（1）举例法，即论辩者以事实作为论据，通过列举典型事例、援引统计数字、借助实物等方法论证自己的论点或者驳斥对方的观点，其逻辑基础是归纳推理法；

（2）引言法，即论辩者为了证明某一观点，可以引用名人名言以及权威人士的言论强化自己的论点，其逻辑基础是演绎推理法；

（3）类比法，即利用事物之间的相似性类比证明并加强自己的论点，或揭示对方论点的荒谬性，反驳对方论点的方法，其逻辑基础是类比推理。根据论辩者在类比过程中是否言明自己的观点，又可进一步细分为隐性类比推理和显性类比推理两种推理方法；

（4）喻证法，亦称为比喻证法。指的是用此理比喻彼理，用比喻者之理去论证被比喻者（论题）之理的论证方法；

（5）反证法，即证明与原论点相矛盾的反论点的虚假，以此来确定原论点的真实性的方法，其论证过程是论点：p；反论题：非 p；论证：非 p 虚假。根据排中律：非 p 虚假，故 p 真；

（6）淘汰法，又称为选言证法或者选言间接证法。具体步骤是：首先，穷尽某一论题所存在的各种可能情况，然后，证明除论题以外的其余可能情况都不成立，从而间接证明原论题的真实性。论证过程如下：论题：p；或 p，或 q，或 r；论证：非 q，非 r；故 p 真。淘汰

---

① 何向东：《逻辑学教程》（第 2 版），高等教育出版社 2004 年版，第 237 页。着重号为笔者所加，表示强调。

② 参见冯必扬《通往雄辩家之路——辩论学导论》，上海人民出版社 1989 年版，第 118—192 页；永华等《实用论辩技巧》，东方出版中心 1999 年版，第 69—98 页；周彬琳《实用口才艺术》，东北财经大学出版社 2002 年版，第 97—112 页；何向东《逻辑学教程（第 2 版）》，高等教育出版社 2004 年版，第 238—253 页；崔春《语言与交际》，浙江大学出版社 2006 年版，第 98—101 页；何向东《新逻辑学概论》，中国农业大学出版社 2009 年版，第 323—341 页。

法是一种必然性推理，给人以"不得不这样""舍此别无他途"的印象，是一种很有力的论辩方法；

（7）归谬法，即以假言推理为逻辑基础，面对对方的论题，不予以正面的直接反驳，而是假定其成立，然后遵循"有此必有彼"的必然联系，最终得出或自相矛盾，或荒谬的结论，这样对方的论题自然也就无法立足了。其论证过程如下：假设对方论题 p。设：p 真；证明：如果 p 真，那么 q；如果 p 真，那么非 q；所以，如果 p 真，那么 q 并且非 q。因此，p 假。或者假设对方论题：p。设：p 真；证明：如果 p 真，那么 q；非 q；所以，并非 p 真；

（8）二难推理法，即论辩者提出只有两种可能性的命题（两个假言判断），迫使对方作出选择，而任何一种选择都于对方不利，使之处于进退两难的境地。在论辩中，运用二难推理进行立论或反驳，可使自己掌握主动权。特别是用于反驳时，是一种攻击力很强的逻辑推理方式。

在具体论辩中，论辩者需要根据对方的理由和论辩方式，选择论证性和驳斥力强的论辩方法进行辩驳，可以采用一种方法，也可以数种方法同时并用。

第五节　"论辩原则"的研究

在整个论辩过程中，论辩双方必须共同遵守一些原则、规范约束其行为，以此来保证论辩能正常、顺利地开展，达到探求真理、揭露谬误的目的。相反，如果违犯了论辩的基本原则，论辩就有可能演变为争吵、斗殴。论辩的基本原则主要包括：实事求是原则①、平等原则、同一原则、充足理由原则。

实事求是原则的基本要求是：尊重事实，服从真理。这是一切正确而有效论辩的基础。（1）尊重事实。由于"事实胜于雄辩"，因

---

① 这一原则又被称为"道德原则"与"求实原则"。具体请参阅何向东《新逻辑学概论》，中国农业大学出版社 2009 年版，第 342—343 页。

此，论辩各方在证明己方观点正确或反驳对方观点错误时，都会力求用事实材料来支持自己的论点，这就必然涉及对事实的态度问题。就用事实材料者来说，必须按事实的本来面貌叙述事实，既不可夸大也不能缩小，更不可编造事实。就与之辩论的另一方来说，对方引用的事实材料只要持之有据，那么不管对自己有利还是不利，都应承认。如果凡是对自己不利的事实材料都否定其存在，不予认可，那么，任何论辩也辩不出是非对错来了。（2）实事求是原则的另一要求是服从真理。"一时强弱在于力，千秋胜负在于理"，论辩的终极目的为探求真理、揭露谬误，而服从真理是在追求真理之路上所应持有的态度。在论辩中，服从真理要求论辩者承认人类已经取得的某些真理性认识，认可对方那些经过论辩已被证明为正确的观点或理论，自觉放弃己方的错误观点。那种死活不认错、无理也要争三分的做法是与实事求是原则相背离的，因而是不可取的，也是一个高尚的人所不齿的①。

　　平等原则指的是论辩主体在整个论辩过程中彼此平等的原则。所谓"真理面前人人平等"说的就是虽然论辩双方的地位、身份、职业不同，但在论辩中是完全平等的。主要表现在以下三个方面：（1）论辩双方人格平等。论辩双方不管在政治、经济、伦理上情况如何，只要开始论辩，就不应有尊卑、大小、高低、贵贱之分，都应遵守相同的论辩规则，坚持以理取胜、以理服人，绝不能以权压理、以势欺人。若有的人在论辩中不是围绕辩题展开论辩，而是对对方的人格进行攻击，贬低对方的长相、职业、出身等，丑化对方的信誉，这样一来，会使论辩处于非理性的状态，势必损害其正常进行；

---

① 参见冯必扬《通往雄辩家之路——辩论学导论》，上海人民出版社 1989 年版，第 50—52 页；赵传栋《论辩原理》，复旦大学出版社 1997 年版，第 19—21 页；永华等《实用论辩技巧》，东方出版中心 1999 年版，第 23—24 页；高明光等《论辩论》，中国青年出版社 2000 年版，第 35—36 页；周彬琳《实用口才艺术》，东北财经大学出版社 2002 年版，第 94 页；曾湘宜《演讲与口才》，北京工业大学出版社 2006 年版，第 139 页；崔春《语言与交际》，浙江大学出版社 2006 年版，第 93—94 页；何向东《新逻辑学概论》，中国农业大学出版社 2009 年版，第 342 页。

（2）论辩双方都有平等的辩护和反驳的权利。论辩是不断辩护和反驳的过程。论辩者一方面需要全力为自己所持有的观点进行辩护，证明其正确；另一方面还应竭力反驳对方观点，证明其错误。这就需要论辩双方都有发表自己的看法和反驳对方观点的权利。如果一方失去了这种权利，不能辩护己方的观点或反驳对方的观点，那么论辩就难以正常地开展。此外，论辩中不能由一方独占论坛，垄断发言时间，双方都应有同等的发言权力和时间；（3）真理面前人人平等。论辩各方都有发现真理、追求真理、掌握真理、捍卫真理的平等权利。不能坚决认定自己对，别人错。如果自己的观点被证明是错误的，就要有勇气及时承认错误，乐意接受对方的观点，要有从善如流的雅量。劝说的权利也应该是双方平等的，正像我有权说服你一样，你也有权说服我；一方有权影响另一方，另一方也有权加以拒绝或反驳。正如罗曼·罗兰所说的那样，"在争论中是不分高贵卑贱，也不管称号姓氏的，重要的只是真理，在它面前人人平等"。

在论辩中，违反平等原则的主要表现是"以人为据"和"诉诸权威"。"以人为据"指的是不顾言论本身的逻辑，而以诸如对方的学历或社会地位不高、出身不好、历史不光彩等为根据，推论对方的言论不正确。"诉诸权威"指的是在论辩中，把权威抬出来作为挡箭牌，用权威来吓人、训人、骗人。正常的辩论应该不唯上、不唯权、不唯长、不唯权威、不唯人多势众，只唯真理，真正做到真理面前人人平等①。

同一原则要求论辩双方在整个论辩过程中思想观点始终保持同一。这一论辩原则的具体要求如下：（1）概念保持同一。概念是对

---

① 参见冯必扬《通往雄辩家之路——辩论学导论》，上海人民出版社 1989 年版，第52—56 页；赵传栋《论辩原理》，复旦大学出版社 1997 年版，第12—14 页；永华等《实用论辩技巧》，东方出版中心 1999 年版，第24 页；高明光等《论辩论》，中国青年出版社 2000 年版，第37—38 页；周彬琳《实用口才艺术》，东北财经大学出版社 2002 年版，第95 页；曾湘宜《演讲与口才》，北京工业大学出版社 2006 年版，第139—140 页；崔春《语言与交际》，浙江大学出版社 2006 年版，第94 页；蔺海鲲、曹莉萍《实用口才学》，甘肃文化出版社 2006 年版，第219—220 页。

事物特有属性的反映，它的外在表现形式是语词。在人的思维过程中，思想由判断构成，而判断又由概念构成，要保持思想的同一首先就得保持概念的同一。概念同一是指在同一场论辩中，辩论者所使用的概念不管使用多少次都必须保持其自身的内涵与外延不变。原来在某种意义上使用某个概念，就应该一直按照这个意义使用这一概念，绝不能随便变更某一概念的含义，也不能把不同的概念加以混淆。违反这一要求，即会犯"偷换概念"或"混淆概念"的错误。如果有意"偷换概念"或者"混淆概念"，则不只是达不到探求真理的目的，还会走入诡辩的歧途；（2）论题保持同一。论题是论辩者论争的对象，是整个论辩的中心。同一原则要求论辩双方要始终保持论题一致，不可以在中途用其他论题代替原论题。这也是辩论顺利进行的前提之一，因为辩论总要围绕着某个论题进行，如果论题变了，那么整个辩论的中心也就变了，也就是说已不是原来那场辩论，而是另外一场辩论了。违反论题要保持同一的要求，就会犯"转移论题"或"偷换论题"的错误。转移论题或偷换论题，一般是由混淆概念或偷换概念引起的；（3）思想观点保持同一。同一原则要求论辩者表述的思想观点要前后一贯，能自圆其说，不能含糊其辞、左右摇摆，更不能自相矛盾。如果在辩论中辩论者的思想前后不能保持同一，那么就会犯"模棱两可"或"模棱两不可"的错误。所谓"模棱两可"是指在辩论中，前后同时肯定了两个相互矛盾或相互对立的思想，也就是说，自己的话前后矛盾。这是论辩中最不应犯的错误，也是论辩者最不愿犯的错误。因为对方一旦发现你的思想前后自相矛盾，就会把你置于死地，而且你无力回击。一个人说话自相矛盾，就是自我否定，就等于自己打自己嘴巴。因此，"自相矛盾"是辩论者之大忌，是辩论者力求避免的错误。所谓"模棱两不可"是指在论辩中，论辩者对相互矛盾的思想同时加以否定，既否定其为真，又否定其为假。如果前后思想不同一，一则使对方难以把握其真正的思想，再则一个漏洞百出、自相矛盾的思想实在不堪一驳①。

然而，同一原则要求概念、论题、前后思想要保持同一，是有条件的。在同一场辩论中，同一个条件下，概念、论题、思想要保持同一，如果不同一就不可能进行正确的辩论，甚至无法进行辩论。但是，如果不是同一场辩论，不在一个条件下，那么其概念、论题、前后思想就没有同一性的要求。

充足理由原则是由德国数学家、哲学家莱布尼茨（G. W. Leibniz，1646—1716）首先提出来的。

　　　　……要从数学过渡到物理学，则还需另一条原则，如我在我的《神正论》中所已指出的，这就是需要一个充足理由的原则；就是说，若不是有一个为什么事情得是这样而不是那样的理由，则任何事情都不会发生。……而只要用这一条原则，即：其所以事情是这样而不是那样，必须有一个充足理由……②

自从莱布尼茨提出充足理由原则以后，充足理由就成了证明、反驳的重要原则之一，它也是论辩者必须遵守的基本原则。因为整个论辩的过程也就是论辩双方不断为自己的论点提供理由的过程。理由越充分，就越有说服力，对方也就更难以反驳。反之，如果辩论者在辩论中只提出观点而不能提供充足的理由来论证自己的观点，只能说出"其然"，不能说出"其所以然"，那么这怎么能让人相信他的观点呢？这样的辩论也就无法进行。

在论辩中，这一原则要求论辩者为自己的观点提供充足的理由。

---

① 参见冯必扬《通往雄辩家之路——辩论学导论》，上海人民出版社 1989 年版，第56—62 页；周彬琳《实用口才艺术》，东北财经大学出版社 2002 年版，第95—96 页；曾湘宜《演讲与口才》，北京工业大学出版社 2006 年版，第 140 页；崔春《语言与交际》，浙江大学出版社 2006 年版，第 94—95 页；蔺海鲲、曹莉萍《实用口才学》，甘肃文化出版社 2006 年版，第 221 页。

② ［德］莱布尼茨、［英］克拉克：《莱布尼茨与克拉克论战书信集》，陈修斋译，商务印书馆 2009 年版，第 7 页。

论辩者要达到论证自己观点，说服对方赞同自己观点的目的，就必须提供充足的理由。充足理由原则的具体要求有二：（1）理由必须真实无疑，即理由应是事实或经实践检验并符合客观实际的判断；（2）理由应该充足，即理由和论点之间要有必然的逻辑联系，前者必须是后者的充分条件，即从理由的真必须能推出观点的真。只有同时具备这两个条件，方可称之为充足理由。

在论辩中，违反充足理由原则常常会犯下列错误：一是虚假理由，即用虚假的论据去证明自己的观点；二是预期理由，即以真实性尚待验证的判断作理由进行论证；三是抓住一点，不及其余，以偏概全，即用个别事实推出一个具有普遍性的论断；四是理由与论点之间没有因果联系，即理由的真不能必然推断出论点的真，这种错误可称为"推不出"。在论辩中如果不遵守充足理由原则，那么，往往就会强词夺理、无中生有、信口雌黄、胡编理由，这样的辩论也就不可能是正常的辩论，而只能是一种狡辩。只能说出"其然"而说不出"其所以然"，观点必然苍白无力，难以使人信服①。

第六节　当代中国论辩研究所形成的基本设定及其形成原因

当代中国论辩研究的理论框架主要局限在逻辑学与语言学的范畴内，所关注的主要是论说文中所表现的逻辑推理技巧与语言艺术，以及近年来出现的"辩论赛"这一模拟论辩形式，几乎完全忽略了"论辩"以"讲道理"的形式在话语中的普遍分布及其作为话语互动

---

① 参见冯必扬《通往雄辩家之路——辩论学导论》，上海人民出版社 1989 年版，第 62—66 页；赵传栋《论辩原理》，复旦大学出版社 1997 年版，第 15—17 页；永华等《实用论辩技巧》，东方出版中心 1999 年版，第 24 页；高明光等《论辩论》，中国青年出版社 2000 年版，第 37—38 页；周彬琳《实用口才艺术》，东北财经大学出版社 2002 年版，第 96 页；曾湘宜《演讲与口才》，北京工业大学出版社 2006 年版，第 140—141 页；崔春《语言与交际》，浙江大学出版社 2006 年版，第 95—96 页；蔺海鲲、曹莉萍《实用口才学》，甘肃文化出版社 2006 年版，第 220—221 页。

的主要形式之一所应具有的社会属性与社会功效。这一研究视角形成了以下基本设定：

论辩手段首先，认为逻辑是论辩的灵魂，倾向于将论辩等同于逻辑学中所讲的"论证"和"反驳"，强调逻辑推理、逻辑规律在论辩中的作用。其次，认为论辩要"以理服人"，不能"以势压人"，将"理"与"势"二元对立，肯定前者，否定后者。唯理至上，将"诉诸权威""诉诸人格"等论辩手段视为谬误。再次，认为"事实胜于雄辩"，强调"事实"在论辩中的所用。

论辩目的对"真理""谬误"等概念作"去语境化"处理，忽略它们的动态性、非永恒性等本质特点，认为论辩的终极目的是探寻真理，揭露谬误。

论辩关系认为论辩双方应呈现平等、真诚的关系。

论辩实践研究当前中国关于"辩论学""论辩原理"等的构筑，最初的出发点与最终的落脚点都是关于辩论赛的研究，对发生在其他领域中的其他论辩形态几乎没有涉及。

上述基本设定是在西方现代逻辑与语言学的巨大引力下形成的。首先，它们片面强调"事实""道理""真理"的重要性。"事实胜于雄辩""要以理服人，勿以势压人"是当代中国论辩研究中的两大"常言"（commonplace）。这样一来，它们不仅使雄辩与事实这两个具有辩证关系的概念完全对立起来，忽略了雄辩对构筑事实、确立事实宣认所具有的积极作用，而且忽略了情感、人格、价值等因素在论辩中的作用，未能意识到"道理"与"权威"的表现形式具有多样性与复杂性，将二者简单化地当成水火不相容的概念。其次，对发生在具体情境中的论辩实践至关重要的"语境""效果""目的""受众"等因素的特定性鲜有论及，因此，意识不到作为具体的论辩实践只能取得阶段性的共识，而不是永恒的真理。再次，将论辩双方的关系"理想化"，忽略了论辩活动涉及论辩双方的切身利益这一现实状况。最后，过于关注论辩赛这一高度形式化与程序化的模拟论辩形式，使当代中国论辩思想的构筑脱离论辩实践，远远落后于现实论辩实践的要求。中国当代主流学术界对"论辩"的这一狭义理解和极具局限性的关注不仅与这个概念在中华文明的轴心时代——也就是先秦百家争鸣时期——被赋予的丰富意义和所享有的崇高研究地位大相径庭，而且跟它在当代占支配地位的西方话语中的流通和应用也形成明显的反差。在这一狭隘的历史和理论视野内，当代中国论辩研究存在着观念基础脆弱，所形成的基本设定似是而非等问题。在本书的第四章，我们将详细阐述当前中国论辩研究中所存在的几个问题与误区。

第七节　本章小结

通过系统梳理当前中国主流学术界对"论辩"本身"论辩阶段""论辩类型""论辩方法""论辩原则"等范畴的研究，本章节从中提取出当代中国论辩研究所形成的一些基本设定。由此可以得出以下结论：当前中国的论辩研究不仅忽略了与自身论辩传统之间的联系，而且与当代西方的主流论辩理论相脱节。它主要从逻辑范畴研究"论辩"，将其当作一种逻辑思维活动，即未能意识到"论辩"的文化属性、社会功用、与话语的关系等宏观问题。在这一狭隘的历史和理论视野内，当代中国论辩研究存在着研究与认知误区。因此，本书拟在以下两个章节分别就"中国古代传统论辩思想"与"当代西方主流论辩理论"这两个方面展开讨论，为我们重新构建当代中国论辩规范与实践模式提供历时参照点与共时理论支撑。

第二章

当代中国论辩研究的历时比较

当前中国论辩研究中存在的种种问题首先可以归宿于缺乏历史感，即未能意识到任何有中国特色、与中国论辩实践相适应的论辩理论都必须植根于中国传统的论辩思想，而对这一传统的整理和反思又必须富有时代感，应是对传统的"再语境化"（re-contextualization）。目前，国内学术界虽然对我国传统论辩思想已有不少讨论，但是能从这些角度进行再思考，尤其是能在一个全球化学术语境内对此加以讨论的极为稀少，传统的论辩思想对当代中国论辩研究的影响并不大。因此，本章从历时的角度，系统梳理中国传统论辩研究，并选取论辩发展的黄金阶段——先秦时期作为典型，详细分析诸子关于论辩思想的论述。基于这一传统论辩思想，得出当代中国论辩研究的历时比较结论，为在当前形势下重新构筑我国的论辩规范和实践模式提供历史参照点。

第一节　中国传统论辩研究概述

论辩研究在中国也有悠久的历史，这一点同西方一样，都可以追溯到人类历史的"轴心时期"。中国古代的论辩思想丝毫不逊于当时西方的论辩研究。我国古代的论辩实践与研究兴起于春秋，成熟于战国，转型于两汉，复盛于魏晋南北朝时期。只是后来封建制度由盛转衰以后，统治者对思想统一的要求越来越高，论辩研究与实践进入了相对的"沉寂期"。

先秦时期正处于由奴隶制社会向封建制社会转变的时期。当时的社会状况，正如刘向所描述的那样，"上无天子，下无方伯，力功争强，胜者为右，兵革不休，诈伪并起"①。在这一社会大动荡时期，各诸侯国为了生存，或兼并天下，迫切需要善于辞令之人奔走游说。这一现实需要促使辩风日盛，雄辩之才辈出，从而形成了"辩士"阶层，以至"滔滔者天下皆是"。士人为了使统治者尽快了解并采纳自己的政治主张，纷纷学习论辩艺术，揣摩论辩方法。此外，战国时期纷繁复杂的斗争也刺激了不同思想学说的产生。各种思想流派都欲"以其道易天下"，遂"各引一端，崇其所善，以此驰说，取合诸侯"。正如清代古文家姚鼐所指出的那样，"论辩类者，盖原于古之诸子，各以所学著书诏后世"②。在这种百家争鸣的环境中，论辩日渐成熟。这一时期是论辩的成熟与繁荣期，论辩实践丰富多样，而且诸子在阐述自己的学说主张之时，各自也构筑了独立不同的论辩思想与理论。

　　秦汉时期的论辩实践开始由"百家争鸣"向"宫廷论辩"转变。汉代朝廷出面组织了两次大规模论辩：一次是汉昭帝时期就盐铁国家专卖问题的论辩。一方是以桑弘羊为首的公卿大夫，另一方是各地推举的贤良文学。会议论辩过程由桓宽整理成《盐铁论》一书③；第二次是宣帝主持了论定"儒家五经异同"的大规模论辩，会议在石渠阁举行。因此，称为"石渠阁会议"。此外，西汉时期还出现了今文学派与古文学派的学术论争。今古文学之争始于西汉末年，其争斗高峰在东汉，一直持续到清朝，影响到了其后两千年左右的诸多学术领域。这一时期所构筑的论辩思想主要体现在王充的《论衡》④与刘向

---

　　① （汉）刘向：《战国策书录》，载张舜徽《文献学论著辑要》，陕西人民出版社 1985 年版，第 2 页。

　　② （清）姚鼐、王先谦：《正续古文辞类纂》，浙江古籍出版社 1998 年版，第 5 页。

　　③ 国内学术界对《盐铁论》的研究主要集中于其文学价值、经济伦理思想以及《盐铁论》的校注等方面。

　　④ 参见《论衡·定贤篇》《论衡·知实篇》《论衡·薄葬篇》《论衡·物势篇》等。东汉时期，儒家思想在意识形态领域里占支配地位，但此时的儒家学说打上了神秘主义色彩，掺进了谶纬学说，变成了"儒术"。王充写作《论衡》一书就是针对这种儒术和神秘主义的谶纬说进行批判。这一写作活动本身也可被看成是一论辩实践活动。

的《说苑》①之中。

魏晋南北朝时期这一时期的论辩实践以魏晋时期的"清谈"②与南北朝时期的儒、佛、道三家之争为主③。这一时期的论辩研究主要集中在刘勰的《文心雕龙》④、徐干的《中论》⑤及刘邵的《人物志》⑥中。

隋唐以后天下一统,封建专制加强,辩士失去了"横议天下"的条件,辩论之风逐步衰微,很难看到有关辩论的论述了。

本章选定论辩实践活跃、论辩思想丰富的先秦时期为例,深入探讨当时历史语境之下,先秦诸子赋予"论辩"的丰富意义及其这一概念所享有的崇高研究地位,以期为在当代社会形势下构筑论辩规范与实践模式提供一个历史参照点。

第二节　邓析的论辩思想

邓析(约前560—前501)是春秋末期郑国人,与楚国老子、鲁国孔子同时。在《汉书·艺文志》中,班固将其列为"名家"第一人。在中国逻辑思想史和法律思想史上,邓析是一位必被提及的人物,原因就在于他既是中国历史上最早对"辩说"进行自觉研究的

---

① 参见《说苑·善说》《说苑·正谏》等。

② "清谈"不是一般的聊天,它有一套严格的规矩,讲究言辞美、声调美、风度美,通常有三种形式:第一种是由一个人主讲,通常是大师级人物。第二种方式是最常见的,即两个人论辩,旁边有欣赏、聆听的观众。两个人辩论的时候,一方先提出自己的观点,另一方反驳,精彩的辩驳会持续几十回合。第三种是几个人共同讨论,如王弼的《贵无论》与裴頠的《崇有论》以及刘义庆的《世说新语》所记载的论辩实例。

③ 主要集中在《弘明集》《广弘明集》、何承天的《报应问》《达兴论》、宗炳的《明佛论》、范缜的《神灭论》、法琳的《破邪论》(《对傅奕废佛僧事》),等等。

④ 第一次把"论辩"作为一门艺术科学加以概括总结,其中"论说"一章列述了南朝以前的重要论辩及论辩人才,对论辩的目的、原则、方法等作了阐述。

⑤ 参见《中论·核辩》《中论·法象》《中论·贵验》《中论·贵言》等。

⑥ 参见《人物志·材理》等。

人，同时也是第一个从民间生长起来的法律专家，是中国最早的"律师"①。然而，鲜有学者注意到邓析所论述的思想对中国修辞学，尤其是对构筑中国论辩思想的深远影响②。从某种意义上讲，他的论辩思想堪与古希腊思想家普罗塔哥拉（Protagoras，约前 480 年—前410）关于论辩的论述相媲美。

邓析是以"操两可之说，设无穷之辞"③ 而闻名的。他所创立的"两可之说"，即从不同立场出发，考察同一现象，得出两个截然不同但均可成立的结论。《晋书·隐逸传》将其描述为"是有（又）不是，可有（又）不可"。

"两可之说"作为一种论辩方法与古希腊时期普罗塔哥拉提出的"针对一切事物都存在着两种相反（又都讲得通）的说法"这一话语原则④有异曲同工之妙。《吕氏春秋·审应览第六·离谓》中记载的一个故事，可以用于解释"两可之说"的特点。

> 洧水甚大，郑之富人有溺者，人得其死者。富人请赎之。其人求金甚多。以告邓析。邓析曰："安之！人必莫之卖矣。"得死者患之，以告邓析。邓析又答之曰：　"安之！此必无所更买矣。"⑤

由于买卖双方立场对立，需求不同，因此考虑问题的出发点则可

---

①　张晓芒：《邓析"两可之论"的逻辑学意义及现代启示》，《山西青年管理干部学院学报》2009 年第 1 期，第 79 页。

②　虽然有学者，如张晓芒，将邓析定位为"中国古代第一位专门研究论辩术的著名论辩家"，然而他们在分析其思想时仍未摆脱哲学—逻辑学这一范畴。

③　（战国）列御寇：《列子》，（晋）张湛注，中华书局 1985 年版，第 79 页。

④　在此原则的基础上发展出被称为"对言"（dialexeis）的观念。该观念一方面认为对任何事物都可以找到或者发明出相互对立的认识或说法，同时又坚信"真实和正当的说法自然比其反面有更强的说服力"。具体请参见 Aristotle, *On Rhetoric: A Theory of Civic Discourse*, George A. Kennedy trans. , New York: Oxford University Press, 1991, p. 34.

⑤　张双棣、张万彬等：《吕氏春秋译注》（下），吉林文史出版社 1986 年版，第616 页。

完全相反。在这一特定语境内，邓析用"安之"回答赎尸与卖尸不同之人的咨询，看似荒谬，实则站得住脚。

此外，邓析在《无厚篇》开篇所论证的"天于人，君于民，父于子，兄于弟，无厚也"，也是运用"两可之说"的论辩方法得以得出与当时所处社会显得"格格不入"的结论。

> 天于人无厚也。君于民无厚也。父于子无厚也。兄于弟无厚也。何以言之？天不能屏勃厉之气，全夭折之人，使为善之民必寿，此于民无厚也。凡民有穿窬为盗者，有诈伪相迷者。此皆生于不足，起于贫穷，而君必执法诛之，此于民无厚也，尧舜位为天子，而丹朱商均为布衣，此于子无厚也。周公诛管蔡，此于弟无厚也。推此言之，何厚之有？①

"天祥，君仁，父慈，兄友"是当时"礼治"社会人们所普遍接受的主流观念，然而，邓析反其道而行之，站在与天、君、父、兄相反的立场上观察问题，得出了与主流观念截然相反的结论。这些观点不仅给他带来了杀身之祸②，而且让他背上"千古诡辩第一人"与"相对主义者"的黑锅，受到后世思想家和学者的谴责和批判，如"以非为是，以是为非，是非无度，而可与不可日变。所欲胜因胜，所欲罪因罪。郑国大乱，民口喧哗。"③；"不法先王，不是礼义，而好治怪说，玩琦辞。甚察而不惠，辩而无用，多事而寡功，不可以为治纲纪，然而其持之有故，其言之成理，足以欺惑愚众。"④；"邓析巧

---

① （战国）邓析：《邓析子》，上海古籍出版社1990年版，第1页。

② "子产执而戮之，俄而诛之。"参见（战国）列御寇《列子》，张湛注，中华书局1985年版，第79页。"子产患之，于是杀邓析而戮之。"参见张双棣、张万彬等《吕氏春秋译注》（下），吉林文史出版社1986年版，第616页。"郑驷歂杀邓析，而用其竹刑。"参见冀昀《左传》（下），线装书局2007年版，第663页。目前学术界针对"谁杀了邓析"这一问题尚无定论，这一问题并不是本书所关注的焦点。

③ 张双棣、张万彬等：《吕氏春秋译注（下）》，吉林文史出版社1986年版，第616页。

④ （清）王先谦：《荀子集解》，中华书局1988年版，第93—94页。

辩而乱法"① 等。然而，对邓析的这些评价忽略了一个重要问题，即在当时的具体历史条件下，邓析"操两可之说"究竟目的何在，即在于引起辩论者对不同辩论立场的关注。在论辩中，论辩双方立场不同，所得出的结论则可能完全相反却都可以行得通。因此，邓析的"两可之说"对中国古代论辩思想的最大贡献在于挑战当时人们所深信不疑的常识，从观念形态上解放"言说者"的思想，使人们有可能从不一样的角度思考问题，开展论辩，引导人们关注论辩可以根据特定的目的、立场，从正反两方面进行。

此外，邓析还按照"辩"的表现形式与效果的不同将其分为"大辩"与"小辩"两类。在他看来，"大辩"是一种值得提倡的论辩方式。

> 所谓大辩者，别天下之行，具天下之物，选善退恶，时措其宜，而功立德至矣。小辩则不然。别言异道，以言相射，以行相伐，使民不知其要。无他故焉。故浅知也。②

邓析认为"言之术"，即论辩术应该因辩说对象的不同而异。

> 夫言之术：与智者言依于博。与博者言依于辩。与辩者言依于安。与贵者言依于势。与富者言依于豪。与贫者言依于利。与勇者言依于敢。与愚者言依于说。此言之术也。③

邓析关于"辩"的方法、目的、原则等一系列问题的探究与分析，对先秦"辩"思潮的发展影响重大，不仅推动了论辩实践的发展，而且为其后语言思想家们从理论层面上构筑"辩"奠定了基础。

---

① （汉）高诱：《淮南子》，中华书局1954年版，第240页。
② （战国）邓析：《邓析子》，上海古籍出版社1990年版，第3页。
③ （战国）邓析：《邓析子》，上海古籍出版社1990年版，第3—4页。

第三节 老子的论辩思想

春秋末期"三后之姓，于今为庶"①，社会呈现出"礼崩乐坏，贵贱无序"的混乱状态。对此，曾担任"周藏室之史"的老子没有像孔子那样做着"知其不可为而为之"的努力，而是从历史发展现状中切实感受到了"将欲取天下而为之，吾见其不得已。天下神器，……不可为也。为者败之，执者失之"②，提出"无为而治"的治世主张，以"道"来解释宇宙万物的演变规律。然而，老子认为"道"具有不可言说性，即"道可道，非常道。名可名，非常名"③，只能通过静观来体悟"道"。这样一来，老子势必反对"言""辩"，认为"知者不言，言者不知"④，"信言不美。美言不信。善者不辩。辩者不善"⑤，主张行"不言之教"⑥。尽管老子反对"言"，但他还是"言"了，否则《道德经》便不会产生，而且以"大辩若讷"⑦的言说风格使其著作与学说取得了"以其不争，故天下莫能与之争"⑧的效果⑨。另外，他又强调"言"的重要性，认为"欲上民，必以言下之"⑩"美言可以市尊"⑪。这样一来，老子对"言""辩"

---

① 冀昀：《左传（下）》，线装书局2007年版，第635页。

② （晋）王弼注：《老子道德经》，中华书局1985年版，第27页。

③ 同上书，第1页。

④ 同上书，第53页。

⑤ 同上书，第73—74页。

⑥ 同上书，第2页。

⑦ 同上书，第43页。

⑧ 同上书，第64页。

⑨ 关于《道德经》对中国及世界的影响，福建省老子研究会常务副会长李德建曾这样论述道，从古至今，注解者三千余家，译本近300种，不亚于《圣经》，居中华传统经典海外译本数量之最。参见李德建《道法自然、道御意识的理性自觉——从〈老子〉对诸子百家的影响看中华文化的思想内核》（http：//bbs. ifeng. com/ viewthread. php? tid＝3412689###）。

⑩ （晋）王弼：《老子道德经》，中华书局1985年版，第64页。

⑪ 同上书，第61页。

的批判与实际对"言说"的热衷可以看成是对自己提出的"正言若反"① 这一话语策略的熟稔运用，正如钱锺书所说，"夫'正言若反'，乃老子立言之方，《五千言》中触处弥望②。"这一手法与古希腊柏拉图对"言说艺术"的批判可谓异曲同工。

第四节　孔子的论辩思想

孔子虽未明确使用"论辩"或者"辩"这一术语，但由于"辩"或"论辩"属于"言"，从根本上说，"言"，亦即只要开口说话，已经就是最根本的"辩"③，对于"论辩"的理解与对于"言"的基本理解连在一起④，因此，孔子关于"言"的论述不仅为先秦诸子系统论述"言""论辩"奠定了基调，而且对随后两千多年中国话语形态的构筑亦影响深远。孔子的思想、言论主要集中在由其弟子或再传弟子编辑的《论语》⑤ 一书中。因此，本小节将主要考察散见于《论语》中的孔子对于"言"的态度，当然也会涉及他对"论辩"的态度。

孔子将"言"当作话语，而非一个纯粹的符号体系，在社会语境内考察、认识、思考它的功效。他意识到"言"不仅关系国运的昌衰，如"一言而可以兴邦""一言而丧邦"⑥，而且是否"有言""知

---

① （晋）王弼：《老子道德经》，中华书局1985年版，第，第72页。

② 钱锺书：《管锥篇》第二册，生活·读书·新知三联书店2001年版，第105页。

③ 伍晓明：《〈论语〉中的"论辩"与孔子对言的态度》，《中国文化研究》2008年春之卷，第47—49页。

④ 同上书，第41页。

⑤ 所谓《论语》者，"有弟子记夫子之言者，有夫子答弟子问者，有弟子自相问答者，又有时人相言者。有臣对君问者，有师、弟子对大夫之问者"。据此，"论语"有"所讨论之语"之义。讨论需要讨论者，故为对话，而讨论之"论"不可能不涉及论辩之"辩"。尽管对话者并非始终出现在文本中，但《论语》本身具有对话（dialogic）或论辩（argumentative）的本质。然而，笔者在此的关注焦点在于分析孔子对"言"或者"论辩"的态度，因此，暂不具体分析《论语》的论辩特性。

⑥ 杨伯峻：《论语译注》，中华书局1980年版，第138页。

言"，在孔子看来亦关乎一个人的德行、能力，成为评判人的标准，如"有德者必有言"①"不知言，无以知人也"②。他的这一认识和古希腊哲人可谓所见略同。如古希腊大思想家和教育家伊索克拉底（Isocrates，约前436—前338）认为言说是"我们一切行为和思想的指南"，是"使人类摆脱野蛮蒙昧状态的决定性因素，是理性和道德的标志"，认为"良好的表达能力是具有正常头脑的最准确标志。"③他们虽都意识到言说事关兴衰治乱的头等大事，不可等闲视之，但对"言"的态度却大相径庭。希腊哲人倾向于从语言应用带来的积极变化方面对"言"加以肯定，而孔子对"言"所具有的不稳定性流露出担心甚至恐惧，从反面烘托出其令人敬畏的潜能。关于这一点可从孔子关于"正政先正名"的论证中得以印证，"名不正，则言不顺；言不顺，则事不成；事不成，则礼乐不兴；礼乐不兴，则刑罚不中；刑罚不中，则民无所措手足"④。他认为一旦"名不正"即语义秩序受到破坏，语言被滥用，就会产生灾难性的后果，最终导致整个社会陷入无序状态，即所谓的"礼崩乐坏"。

因此，孔子提倡"辞，达而已矣"⑤，认为"君子"应"敏于事而慎于言"⑥"讷于言而敏于行"⑦，数次贬斥"巧言"，如"巧言令色，鲜矣仁"⑧，"巧言、令色、足恭，左丘明耻之，丘亦耻之"⑨，"巧言乱德"⑩。当然，这一憎恶从表面上看仅仅表现为对某种特定的

---

① 杨伯峻：《论语译注》，中华书局1980年版，第146页。

② 同上书，第211页。

③ Isocrates, *Antidosis*, Patricia Bizzell and Bruce Herzberg eds. , *The Rhetorical Tradition*: *Readings from Classical Times to the Present*, Boston: Bedford Books, 1990, p. 50. 转引自刘亚猛《西方修辞学史》，外语教学与研究出版社2008年版，第43—44页。

④ 杨伯峻：《论语译注》，中华书局1980年版，第133—134页。

⑤ 杨伯峻：《论语译注》，中华书局1980年版，第170页。即"辞取达意而止，不以富丽为工"，具体请参见（宋）朱熹《论语集注》，齐鲁书社1992年版，第165页。

⑥ 杨伯峻：《论语译注》，中华书局1980年版，第9页。

⑦ 同上书，第41页。

⑧ 同上书，第3、187页。

⑨ 同上书，第52页。

⑩ 杨伯峻：《论语译注》，中华书局1980年版，第167页。

言——"巧言"的憎恶，但若根据河上公对《老子》"善者不辩，辩者不善"的注释，辩即意味着巧言，那么巧言当然蕴含着辩与能辩。所以，孔子对"巧言"的态度也就是对"辩"的态度①。孔子意识到"言"对社会的巨大作用力与破坏力，把"言"放在第一位，同时时刻对其保持警惕，对"辩"持不信任的态度，认为最理想的状态是"无言""不辩"②，这一点几乎是与西方传统完全不同甚至截然相反的。

此外，孔子还强调"言"应考虑语境（context）、说话对象（audience）、时机（kairos/occasion）、言说目的（purpose）等多种因素，还应注重"言"的效果（effect）。如提出"邦有道，危言危行；邦无道，危行言孙。"③，言说者应根据邦"有道"还是"无道"的具体情况决定采取何种"言说方式"；"可与言而不与之言，失人；不可与言而与之言，失言。知者不失人，亦不失言。"④，言说者应根据言说对象的具体情况决定"与之言"或是"不与言"；在孔子看来，"侍于君子有三愆：言未及之而言谓之躁；言及之而不言谓之隐；未见颜色而言谓之瞽。"⑤，之所以会犯"躁""隐""瞽"这三个错误，就在于言说者未把握住适合言说的时机，"时然后言"⑥，则无三者之过也。

孔子不仅是理论的提出者，还在言说实践中身体力行上述规则，实现"知与行"的完美统一，如"孔子于乡党，恂恂如也，似不能言者。其在宗庙朝廷，便便言，唯谨尔。朝，与下大夫言，侃侃如

①　伍晓明：《〈论语〉中的"论辩"与孔子对言的态度》，《中国文化研究》2008 年春之卷，第 49 页。

②　为了让天下闻道、天下有道，孔子不欲言而不得不言，不欲辩而不得不辩。在孔子看来，"言"最终只是为了实现一个完全不需要"言"或几乎完全不需要"言"的理想状态，这一点与庄子的"大辩不言"不谋而合。

③　杨伯峻：《论语译注》，中华书局 1980 年版，第 146 页。

④　同上书，第 163 页。

⑤　同上书，第 176 页。

⑥　同上书，第 150 页。

也，与上大夫言，訚訚如也。君在，踧踖如也，与与如也"①，描述了孔子在乡党、宗庙、朝廷等，因所面对言谈对象、言说目的不同而言貌不同。"乡党，父兄宗族之所在，故孔子居之，其容貌词气如此。宗庙，礼法之所在。朝廷，政事之所出，言不可以不明辩，故必详问而极言之，但谨而不放尔。"② 即便是在朝廷之上，面对"上大夫"与"下大夫"具有不同社会地位的言说对象，采取的言说方式也不一样。唯有这样，人才能"不厌其言"。

第五节　墨家的论辩思想

根据《淮南子·要略》的记载，墨子早年曾接受过儒家教育，后因不满代表贵族利益的儒家思想，转而对其进行批判，创建自己的学说。墨家学派是在和儒家争辩中得以形成的。

> 墨子学儒者之业，受孔子之术。以为其礼烦扰而不说，厚葬靡财而贫民，服伤生而害事。故背周道用夏政。③

此外，在墨子所处的时代，诸子纷纷提出自己的政治伦理主张，各家站在不同的立场上，各是其所是，非其所非，论辩之风日趋激烈。

> 夫弦歌鼓舞以为乐，盘旋揖让以修礼，厚葬久丧以送死，孔子之所立也，而墨子非之。兼爱尚贤，右鬼非命，墨子之所立也，而杨子非之。全性保真，不以物累形，杨子之所立也，而孟子非之。……此之是，非彼之是也；此之非，非彼之非也。④

---

① 杨伯峻：《论语译注》，中华书局1980年版，第97页。
② （宋）朱熹：《论语集注》，齐鲁书社1992年版，第94页。
③ （汉）高诱：《淮南子》，中华书局1954年版，第375页。
④ 同上书，第218页。

　　然而，墨家所倡导的"道"是"尚贤""尚同""兼爱"等。这一政治理想和追求必然要求他们在军事上宣传"非攻"，强调防御。然而，单纯的防御并不能确保实现其政治伦理主张。所以，墨子不得不特别重视"言语上"具有进攻性的"辩"，不仅在阐述其思想主张之时积极运用"辩术"①，而且从理论的高度对"辩"专门加以系统研究，主要集中在《经上》《经下》《经说上》《经说下》《大取》《小取》这六篇中。

　　墨子是诸子百家中首位旗帜鲜明地倡导论辩的②，他认为"善辩"为治国者所必具备的条件之一，如主张"选择天下贤良圣知辩慧之人，立以为天子，使从事乎一同天下之义"③；在答弟子"为义孰为大务"时，首出者即为"谈辩"④，把"辩乎言谈"列为"贤良之士"必备的修养之一⑤，认为论辩可以"明是非之分，审治乱之纪，明同异之处，察名实之理，处利害，决嫌疑。"⑥，这样一来就将"论辩"合理化了。

　　墨家将"辩"明确定义为"辩，争彼也。"⑦ "或谓之牛，或谓之

---

　　① 墨子关于"尚贤、尚同、兼爱、非攻、节用、节葬、天志、明鬼、非乐、非命、非儒"的论述堪称论辩文的范例。参见陈雪良《墨子答客问》，上海人民出版社1997年版，第201—228页；张晓芒《中国古代论辩艺术》，山西人民出版社2001年版，第70页。

　　② 墨子之前，邓析子虽提出"两可之说""大辩/小辩"、论辩方法因论辩对象而异等观点，但并未明确界定论辩的含义、目的、作用、方法等，未达到理论自觉状态；孔子虽意识到"言"的重要性，但对"巧言""辩"持明确的否定态度；老子更是主张"不辩"。

　　③（清）孙诒让：《墨子闲诂》（上），中华书局1986年版，第71页。

　　④ "治徒娱、县子硕问于子墨子曰：'为义孰为大务？'子墨子曰：'譬若筑墙然，能筑者筑，能实壤者实壤，能欣者欣，然后墙成也。为义犹是也。能谈辩者谈辩，能说书者说书，能从事者从事，然后义事成也。'"参见（清）孙诒让《墨子闲诂》（下），中华书局1986年版，第390页。

　　⑤ "况又有贤良之士厚乎德行，辩乎言谈，博乎道术者乎，此固国家之珍，而社稷之佐也，亦必且富之，贵之，敬之，誉之……"参见（清）孙诒让《墨子闲诂》（上），中华书局1986年版，第40页。

　　⑥（清）孙诒让：《墨子闲诂》（下），中华书局1986年版，第379页。

　　⑦（清）孙诒让：《墨子闲诂》（上），中华书局1986年版，第285页。

非牛"①，也就是说，"辩"指的是论辩双方对于"彼"的一种争论。但学术界对"彼"的理解却是多元化的，如沈有鼎认为"彼"是"辩"的对象，"辩"的两方所争论的题目，即矛盾命题②；章士钊认为"彼"乃"西方逻辑之言媒词也"，即三段论的中项③等。笔者倾向于将"彼"理解为某一特定对象，而所谓"争彼"则指的是论辩双方针对某一对象有不同认识，因而，对此展开争论。这样一来，墨家所谓的"辩"可谓当代论辩模式的雏形：论辩双方针对"彼"持有不同意见。为了解决这一意见分歧，论辩双方以"语言"为媒介开展辩论，以"当"④为标准，达到"辩有胜"，进而实现"明是非，审治乱，明同异，察名实，处利害，决嫌疑"。

墨家辩学服务于宣传墨家学派的主张，确保其推行，进而解决当时的社会政治、伦理问题，并非致力于确定命题真假与探讨科学真理⑤，它的核心是探讨"辩"的原则与方法。

《墨子·大取》篇提出"以故生，以理长，以类行"作为论辩中"立辞"的三个依据。"故"在这里表示论说的根据和理由。按照这一要求，从所立之辞的提出到整个论辩过程，所说之词都必须有根

---

① （清）孙诒让：《墨子闲诂》（上），中华书局 1986 年版，第 314 页。

② 参见沈有鼎《墨经的逻辑学》，中国社会科学出版社 1980 年版，第 13 页。

③ 参见章士钊《逻辑指要》，生活·读书·新知三联书店 1961 年版，第 93—95 页。

④ 根据《墨子·经上》的解释，"辩胜，当也"。然而，对"当"的理解也是众说纷纭，莫衷一是，主要可以分为以下两类：一类是把"当"理解为"真实""符合客观实际"；另一类把"当"理解为"恰当""合适"。参见陈孟麟《墨辩逻辑学》，齐鲁书社 1983 年版，第 181 页；崔清田《墨家辩学研究的回顾与思考》，《南开学报》（哲学社会科学版）1995 年第 1 期，第 58 页；林铭钧、曾祥云《名辩学新探》，中山大学出版社 2000 年版，第 97 页；辛志凤、蒋玉斌等《墨子译注》，黑龙江人民出版社 2003 年版，第 265 页。等等。

⑤ 墨家辩学与西方的传统逻辑所产生的背景、原因、目的等方面都不相同，因此，对墨家辩学的解读不能采取"据西释中"这一"由外视内"的方法，而应采用"由内视内"的方法，将其置于先秦和墨学这一大背景之内进行解读。参见崔清田《墨家辩学研究的回顾与思考》，《南开学报》（哲学社会科学版）1995 年第 1 期，第 55—60 页。

据、有理由①。若是"立辞而不明于其所生",就会陷入"妄"的状态,进而可能输掉所论之事。因此,在论辩中,论辩双方应遵循"辞以故生""无故从有故"②这一原则。"辞以理长"这一原则要求论辩双方能够讲出"言辞"当理、为是的道理。若是讲不出所立之辞"何以为是,而不为非"的道理,会陷于困境③。"辞以类行"要求在论辩过程中,必须按照同类相推的方式进行论说。若是违反了这一原则,同样会使所立之辞陷入被攻击的境地④。《小取》篇将这一原则进一步规定为"以类取,以类予"⑤。在论辩过程中,还应坚持"察类明故"⑥"异类不比"⑦等原则。综上所述,"辞以故生""无故从有故""辞以理长""辞以类行""异类不比"是从论辩的媒介——"语言"这一角度所归纳与总结的论辩原则。

墨家认为在论辩中,作为论辩主体的论辩双方应遵循"有诸己不非诸人,无诸己不求诸人"⑧的原则,即在论辩过程中,自己所认可的观点或者论说方式,应该允许论辩对方认可并应用。反之,你否定某种观点或论说方式,同样也不能要求对方肯定或应用。否则,对方就要用"子然,我悉独不可以然也?"⑨予以反问。这一道德原则反映了墨家辩学主张论辩者应平等相待的理念。

此外,墨家辩学还考虑到论辩过程中可能会由于语境不明确而造

---

①　田立刚:《墨家辩学的论辩原则思想初探》,《逻辑今探——中国逻辑学会第五次代表大会暨学术讨论会论文集》,社会科学文献出版社 1996 年版,第 375 页。

②　"仁人以其取舍是非之理相告,无故从有故也,弗知从有知也,无辞必服,见善必迁,何故相?"参见(清)孙诒让《墨子闲诂》(上),中华书局 1986 年版,第 267 页。

③　"立辞而不明于其所生,忘也。今人非道无所行,唯有强股肱,而不明于道,其困也,可立而待也"。参见(清)孙诒让《墨子闲诂》(下),中华书局 1986 年版,第 377 页。

④　"夫辞以类行者也,立辞而不明于其类,则必困矣"。参见(清)孙诒让《墨子闲诂》(下),中华书局 1986 年版,第 377 页。

⑤　同上书,第 379 页。

⑥　参见(清)孙诒让《墨子闲诂》(上),中华书局 1986 年版,第 134—144 页。

⑦　同上书,第 290 页。

⑧　(清)孙诒让:《墨子闲诂》(下),中华书局 1986 年版,第 379 页。

⑨　同上。

成言辞所指有歧义。为了有效地解决这一问题，针对论辩的主题，即所谓的"彼"，他们提出"通意后对"①的原则。根据这一原则，在论辩过程中，论辩者应首先确认对方言辞的意义，厘清之后才可进行应答或驳斥。唯有如此，才能保证论辩在参与者双方言意相通的前提下进行，避免误解。

在墨家看来，"辩"并非是发生在个人思维领域里的"求真"，而是具有社会功用的"言语活动"，是国家、社会、人民都可利用的有效工具和方法。因此，墨家辩学从论辩的媒介——语言、论辩主体——论辩双方、论辩的主题——"彼"这三个方面构筑论辩双方所应遵循的论辩原则，使论辩实践有章可循，有法可依。

此外，墨家提出"摹略万物之然，论求群言之比，以名举实，以辞抒意，以说出故。"②，即应依据事物的真实面貌，在众多的语词中寻求适当的表达方式；遣词要反映客观事物；通过语辞表达自己的思想；通过推理得出理由或根据，并提出"或、假、效、辟、侔、援、推"③这七种具体的论辩方法，同时，提醒论辩者慎用后四种论辩方法④。其中的"效"又具体化为著名的"三表法"。

> 言必有三表。何谓三表？子墨子言曰："有本之者，有原之者，有用之者。于何本之？上本之于古者圣王之事。于何原之？下原察百姓耳目之实。于何用之？废以为刑政，观其中国家百姓人民之利。此所谓言有三表也。"⑤

---

① （清）孙诒让：《墨子闲诂》（上），中华书局1986年版，第301页。

② （清）孙诒让：《墨子闲诂》（下），中华书局1986年版，第379页。

③ "或也者，不尽也。假者，今不然也。效者，为之法也；所效者，所以为之法也。故中效，则是也；不中效，则非也，此效也。辟也者，举也物而以明之也。侔也者，比辞而俱行也。援也者，曰子然，我奚独不可以然也？推也者，以其所不取之，同于其所取者，予之也。"同上书，第379—380页。

④ "是故辟、侔、援、推之辞，行而异，转而危，远而失，流而离本，则不可不审也，不可常用也。"同上。

⑤ （清）孙诒让：《墨子闲诂》（上），中华书局1986年版，第240—241页。

第六节　孟子的论辩思想

根据《史记》的记载，孟子"受业子思之门人"，学成之后，以"唐、虞、三代之德"游说诸侯实施"仁政"。然而，当时大国诸侯致力于富国强兵，采用法家、兵家所倡导的主张，认为孟子的学说"迂远而阔于事情"，不合时宜。于是，孟子只好"退而与万章之徒序《诗》、《书》，述仲尼之意，作《孟子》七篇"①。该著作最大的特点是它的辩论性与战斗性强②，有"若决江河，沛然莫之能御"的雄辩气势，为孟子赢得了"知言善辩""论辩大师""雄辩家"等美誉。郭沫若曾对此评价说：

　　孟子在当时是以好辩而受非难的人，据现存的七篇书看来，他真有点名不虚传。他不断地在和别人辩，和宋牼（钘）辩，和淳于髡辩，和告子辩，和许行之徒辩，和墨者辩，和自己的门徒们辩，辩得都很巧妙，足见得他对辩术也很有研究。③

近期，学者们也意识到《孟子》一书中语言所具有的论辩特征，关于这一方面的研究已蔚为大观。不过，他们的研究主要局限于从孟子针对社会、政治、伦理等问题的论述中，从文学、语言运用、逻辑层面发掘和总结孟子在具体的论辩实践中所运用的论辩方法与技巧，通常被称为孟子或《孟子》的"论辩技巧"或者"论辩艺术"等，如刘生良在《〈孟子〉论辩艺术技巧探微》一文中提出，

　　善于论辩是《孟子》最突出的艺术特点，其论辩艺术技巧主

---

① （汉）司汉迁：《史记》，易行、孙嘉镇校订，线装书局 2006 年版，第 326 页。
② 李孝堂：《〈孟子〉的艺术特点》，《齐齐哈尔大学学报》（哲学社会科学版）1980年第 1 期，第 71 页。
③ 郭沫若：《十批判书》，东方出版社 1996 年版，第 274 页。

要有回避术、转换术、求同术、擒纵术、圈套术、包抄术、比附术、诡辩术、追问术、反诘术、铺陈术、排比术，等等，可谓集先秦论辩艺术之大成。①

赵建国在其硕士论文《孟子散文的论辩艺术研究》中也提出：

> 孟子的论辩风格和技巧大约有6种：敛气蓄势、欲擒故纵；抓住要害、攻其虚弱；善设机巧、引人入彀；长于用譬、善用排比；巧用寓言、广征博引；执经行权、灵活变通。②

此外，关于孟子及其著作《孟子》的论辩方法与技巧的研究与总结虽被不同学者冠以不同的表达方式或名称，但与上述两篇文章中的论述大同小异，在此不一一赘述③。仅从这些研究的名称中，我们即可得出这一结论：它们关注的是如何对《孟子》文本本身所运用的语言技巧进行解读。然而，从文本本身对《孟子》"辩术"的解读充其量只能算是孟子论辩思想的"冰山一角"，不能因"一叶障目而不见泰山"。我们应将孟子及其著作置于先秦、儒家所处的社会文化语境之中，主要考察孟子"辩"的原因、目的以及对"辩"的态度等，

---

① 刘生良：《〈孟子〉论辩艺术技巧探微》，《兰州大学学报》（社会科学版）2005 年第 2 期，第 61 页。

② 赵建国：《孟子散文的论辩艺术研究》，硕士学位论文，兰州大学，2007 年，第 13—25 页。

③ 参见张惠仁《孟子——我国古代辩对散文的开元者》，《四川师范学院学报》1980 年第 3 期，第 12—17、49 页；李竹君《〈孟子〉散文的论辩艺术》，《河北大学学报》1982 年第 2 期，第 139—146 页；姚宝元《〈孟子〉论辩艺术略论》，《河北大学学报》1987 年第 4 期，第 11—18 页；王泽宣《孟子的论辩艺术》，济南出版社 1996 年版；杨爱群《在论战中形成的论辩艺术——谈孟子辩术的形成及其特点》，《赣南师范学院学报》2001 年第 4 期，第 20—22 页；唐先进《〈孟子〉论辩艺术简论》，《安徽文学》2006 年第 8 期，第 11—12 页；曾义《〈孟子〉散文论辩艺术特征新论》，《乐山师范学院学报》2006 年第 10 期，第 17 页。等等。

进而从中分析出孟子论辩思想的全貌①。

孟子生活在"诸侯争雄,众说蜂起"的战国中期,当时的社会形势正如他在《孟子·滕文公下》所描述的那样:

> 圣王不作,诸侯放恣,处士横议,杨朱、墨翟之言盈天下。天下之言不归杨,则归墨。……杨墨之道不息,孔子之道不著,是邪说诬民,充塞仁义也。②

所以,孟子下定决心"正人心,息邪说,距诐行,放淫辞,以承三圣者",并把"距杨墨"作为神圣的使命③。由此可见,孟子以卫道者自居,以捍卫和弘扬儒家的"仁义"学说为己任。然而,在"天下方务于合纵连横,以攻伐为贤"的时代大背景下,孟子为了实现这一目的不得不以"言"为利器,与各种人物展开辩论④,正如他在回答公都子之问时所说的那样,"予岂好辩哉?予不得已也。"⑤,也就是说,孟子论辩的最终目的并不是单纯的为"辩"而"辩",而是希望借着矫正错误言辞的机会引导诸侯、诸子认同并实施正当的行为——"仁义",或者说通过策略性地运用语言以倡导"儒家"的生活方式⑥。

为了实现自己的政治主张,孟子与先秦其他语言思想家一样,深信"言"对人类的现实生活、人们的行为方式有深刻的影响,因此,他把"言"作为一个首要议题予以讨论,并认为"知言"是"君子"或者"知者"必备的条件之一。所谓"知言",在孟子看来,即"诐

---

① 值得注意的是,孟子与墨子、荀子有所不同,虽以"知言"自称,然而并未对"如何知言、论辩"等问题从理论高度予以系统阐述。

② (战国)孟轲:《孟子》,杨伯峻、杨逢彬注译,岳麓书社2000年版,第111页。

③ 同上书,第112页。

④ 参见郭沫若《十批判书》,东方出版社1996年版,第274页。

⑤ (战国)孟轲:《孟子》,杨伯峻、杨逢彬注译,岳麓书社2000年版,第109、112页。

⑥ Geisz Steven F.,"Meng Zi Strategic Language, and the Shaping of Behavior",*Philosophy East and West*,Vol. 58,No. 2,April 2008,p. 190.

辞知其所蔽，淫辞知其所陷，邪辞知其所离，遁辞知其所穷。"①，也就是说能够洞察隐藏在说话者背后的思想，揭开言辞所极力掩饰的弊病。为了达到"知言善辩"的境界，孟子也提出了一些语言或者论辩法则，如"言无实不祥"② "言语必信"③ 等。他还强调"名""实"之间的关系，进一步发展孔子提出的"正名之说"；将"士"不注意时机、语境，如"未可以言而言""可以言而不言"等行为视为"便佞隐没、穿逾之类"，加以批判④。

此外，孟子的"不得已辩"虽以"距杨墨"为主要目的，但他在对"类"的态度上与墨子持有相同的观点，强调"知类"的重要性，遵循"辞以类行"的论辩原则。例如，他将体现"类"的同一性的比喻式类推，即墨子所提出的"辟"，用于论辩各种有争议的问题。东汉的赵岐曾指出："孟子长于譬喻，辞不迫切而意已独至。"⑤这从一个侧面也反映出，语言或者论辩只是一种工具，可以服务于持有不同观点的学说、流派。

另外，在不同语境之下，如何针对不同的论辩对象开展论辩，孟子虽未从理论高度明确论述，但在具体的论辩实践中，

　　　　孟子善于根据不同的对象，采用不同的谈话方式：或直言其事，或委婉曲折；或寓警策于幽默之中，或抒豪情于哲理之外；或如促膝谈心循循善诱，或似万弩齐发锋锐难当。⑥

这也说明在论辩实践中，孟子具有语境、受众意识，虽不如荀

---

① （战国）孟轲：《孟子》，杨伯峻、杨逢彬注译，岳麓书社2000年版，第48页。

② 同上书，第140页。

③ 同上书，第259页。

④ "士未可以言而言，是以言餂之也；可以言而不言，是以不言餂之也，是皆穿逾之类也。"同上书，第258页。

⑤ （汉）赵岐：《孟子题辞》，董国柱选注：《十三经文论注》，黑龙江人民出版社1990年版，第301页。

⑥ 董洪利：《孟子研究》，江苏古籍出版社1997年版，第124页。

子、韩非子将其上升到理论自觉状态，明确表述出来，但是也能够灵活运用这些论辩原则，并且在一定程度上取得了良好的效果，如齐宣王的"吾惛，不能进于是矣。愿夫子辅吾志，明以教我。我虽不敏，请尝试之。"①"顾左右而言他"②，夷之的"命之矣"③ 都表示愿意接受孟子的观点。

综上所述，孟子虽未从战略的高度对论辩理论进行系统地构筑，然而，《孟子》各篇因运用各种"辩术"，使其具有"理懿而辞雅"④的论辩风格，被称为"我国古代辩对散文的开元者"和"驳论文体的滥觞"⑤。前人所总结的各种论辩技巧在一定程度上可称为"百科全书式的论辩技巧"，用于指导人们如何具体、有效地从事论辩实践，但我们不能因文本本身所具有的"技术性"（technical），而忽略孟子及其著作《孟子》对先秦时期论辩理论的贡献。至少，孟子进行论辩的原因与目的可以揭示出以下两点：第一，先秦诸子意识到"言说""论辩"对宣传、捍卫各自学派主张的重要性，从语用、语效的角度研究"言"与"辩"。第二，孟子所宣称的论辩目的——"正人心，息邪说，距诐行，放淫辞，以承三圣者"为证明论辩的"吊诡"（paradoxical）作用提供了一个很好的注脚，即论辩既可被用于试图改变现状，又可被用于巩固现有的价值观念、意识形态等。这两点对于指导我们如何在当代语境下构筑中国的论辩理论所具有的重要性是怎么强调都不过分的。

---

① （战国）孟轲：《孟子》，杨伯峻、杨逢彬注译，岳麓书社 2000 年版，第 16 页。

② 同上书，第 28—29 页。

③ 参见（战国）孟轲、《孟子》，杨伯峻、杨逢彬注译，岳麓书社 2000 年版，第 94—95 页。"命，犹教也。言孟子已教我矣。盖因其本心之明，以攻其所学之蔽，是以吾之言易入，而彼之惑易解也"。参见（宋）朱熹《四书章句集注》，中华书局 1983 年版，第 263 页。

④ （梁）刘勰：《文心雕龙》，郭晋稀注译，岳麓书社 2004 年版，第 157 页。

⑤ 张惠仁：《孟子——我国古代辩对散文的开元者》，《四川师范大学学报》（社会科学版）1980 年第 3 期，第 14 页。

第七节　荀子的论辩思想

　　荀子生活在战国末期，当时不仅学派纷杂，异说并起，而且学派内部还出现了更为细密的分裂，如韩非子所描述的"故孔墨之后，儒分为八，墨离为三"①。于是，荀子作为儒家思想的代表人物与捍卫者，为了宣扬儒家的政治与社会思想，以之改造社会，统一天下，他不得不批判各派学说中的某些观点与方法，与之进行论辩。同时，作为先秦儒家思想的集大成者，他又总结与继承了春秋战国以来各派学说的思想精华，发展与改造儒家思想，又需要同儒家学派内部持有不同意见者展开论辩。因此，处于大论辩时代的荀子不仅拥有丰富的论辩实践经验，而且从中绌绎出有独立见解的论辩理论，主要集中于《荀子·劝学》《荀子·正名》《荀子·非相》《荀子·儒效》等篇章中。

　　荀子认为之所以需要论辩，是由于"圣王没，天下乱，奸言起，君子无执以临之，无形以禁之"②，并进一步将"奸言"界定为"辩说譬谕、齐给便利而不顺礼义，谓之奸说"③"凡言不合先王，不顺礼义，谓之奸言，虽辩，君子不听"④。因此，荀子主张"辩"需符合"礼义"的标准，以"圣人之辩"为理想，提倡"君子之辩"，反对"小人之辩"⑤。这一立场表明在当时的社会形势下，圣人、君子借助于"辩"批判"奸言邪说"，弘扬仁义道德，推行自己的政治、

---

① （清）王先慎：《韩非子集解》，中华书局1954年版，第351页。
② （清）王先谦：《荀子集解》，中华书局1988年版，第422页。
③ 同上书，第98页。
④ 同上书，第83页。
⑤ "有小人之辩者，有士君子之辩者，有圣人之辩者：不先虑，不早谋，发之而当，成文而类，居错迁徙，应变不穷，是圣人之辩者也。先虑之，早谋之，斯须之言而足听，文而致实，博而党正，是士君子之辩者也。听其言则辞辩而无统，用其身则多诈而无功，上不足以顺明王，下不足以和齐百姓，然而口舌之均嚅唯则节，足以为奇伟偃却之属，夫是之谓奸人之雄，圣王起，所以先诛也。然后盗贼次之。盗贼得变，此不得变也。"同上书，第88—89页。

伦理主张。荀子提出的"君子必辩"之说①将论辩上升为"君子",
即儒家知识分子,这一群体所应该拥有的态度与立场,看似对论辩的
态度更为积极、主动,然而,究其本质都是为了"以辩止辩",为了
"邪说不能乱,百家无所窜"②,这与孟子所宣称的"正人心,息邪
说,距诐行,放淫辞,以承三圣者"③的"不得已辩"具有相同的社
会功效,都是承载着"道义"的言说活动。为此,荀子提出了具体
的"谈说之术",即

> 矜庄以莅之,端诚以处之,坚强以持之,分别以喻之,譬称
> 以明之,欣驩芬芗以送之,宝之珍之,贵之神之,如是则说常无
> 不受。④

荀子认为论辩并非为了逞一时之气,"有争气者勿与辩也"⑤,提
倡"君子之辩",认为君子应"言辩而不辞""辩而不争"⑥。因此,
在辩说中,论辩者首先应拥有"矜庄、端诚、坚强"的态度。只有
这样,论辩者才算得上塑造了易于论辩对象所接受的"人格形象",
进而,才可能实现劝说他人接受自己"言辞"的目的。除此之外,
论辩者还应辅以合理的论辩方法,即"分别以喻之,譬称以明之",
才能确保论辩目的的实现⑦。其中,"分别以喻之"可以具体分为

---

① （清）王先谦:《荀子集解》,中华书局1988年版,第87页。

② 同上书,第423页。

③ （战国）孟轲:《孟子》,杨伯峻、杨逢彬注译,岳麓书社2000年版,第112页。

④ （清）王先谦:《荀子集解》,中华书局1988年版,第86页。

⑤ 同上书,第17页。

⑥ 同上书,第40页。

⑦ 在具体的论说实践中,荀子大量使用了这些方法。具体请参见《荀子·劝学》中
论证"学不可以已"这一观点;《荀子·王霸》中论证"礼与正国"的关系;《荀子·正
名》中论证"国治乱"与"欲多寡"的关系;《荀子·儒效》中区分"大儒""小儒""腐
儒""散儒""雅儒""俗儒""陋儒""贱儒";《荀子·不苟》中区分"通士""公士"
"直士""悫士";《荀子·荣辱》中区分"狗彘之勇""贾盗之勇""小人之勇""士君子之
勇",等等。

"举统类而应之"① 与 "求其统类"② 这两种论辩方法。前者强调从统一的普遍原理（统类）推知千变万化的事物，即 "以类行杂，以一行万"③。基于这一论辩方法，论辩者可以 "坐于室而见四海，处于今而论久远"④。后者指的是从个别事物中概括出普遍性原理，即 "欲观千岁则数今日，欲知亿万则审一二"⑤。至于求出的 "统类" 是否正确，荀子认为应 "度之以远事，验之以近物"⑥。若是遵循了这一 "谈说之术"，所论辩的 "言辞" 通常就可以被对方所接受，取得征服对方的效果，即便对方不 "心悦"，但也不得不 "口服"，即荀子所说的 "如是则说常无不受，虽不说人，人莫不贵"⑦。

　　荀子不仅论述了论辩中论辩者应有的态度与可运用的论辩方法，还提出了 "辩异而不过，推类而不悖，听则合文，辩则尽故"⑧ "言必当理"⑨ 等论辩原则，继承并发展了墨子关于 "类" "故" "理" 的论述。首先，论辩双方不仅能够正确区别事物的同异，而且能够以 "类" 为依据进行推理，也就是要做到 "正其名，当其辞"⑩ "言以类使"⑪ "听断以类"⑫。"辩异而不过，推类而不悖" 这一论辩原则是上文提到的 "举统类而应之" 与 "求其统类" 这两种具体论辩方法正确进行的保证与前提。其次，荀子将 "礼法" 这一政治伦理原则用于评判论辩，认为在辩说中，论辩者听取别人意见要合乎 "礼法"，进行辩说要全面阐明理由和根据。在荀子看来，论辩仅仅做到

① （清）王先谦：《荀子集解》，中华书局1988年版，第140页。
② 同上书，第407页。
③ 同上书，第163页。
④ 同上书，第397页。
⑤ 同上书，第81页。
⑥ 同上书，第516页。
⑦ 同上书，第86页。
⑧ 同上书，第423页。
⑨ 同上书，第124页。
⑩ 同上书，第425页。
⑪ 同上书，第529页。
⑫ 同上书，第158页。

"有故""成理"是不够的,如他在《非十二子》中所批判的"十二子""六说",虽然"持之有故,言之成理,足以欺惑愚众",但都是所谓的"邪说""奸言"①。因此,荀子提出"辩必尽故""言必当理",不仅重视言辞的逻辑推理,而且强调它的政治伦理规范,是对墨子"有故""成理"原则的有益补充。

此外,荀子通过对照"难说者"与"善说者"的不同劝说模式以及所取得的不同效果,认为论辩中应将语境、情势、论辩对象等因素纳入考虑范围。

> 凡说之难,以至高遇至卑,以至治接至乱。未可直至也,远举则病缪,近世则病佣。善者于是间也,亦必远举而不缪,近世而不佣,与时迁徙,与世偃仰,缓急嬴绌,府然若渠匽䆎栝之于己也,曲得所谓焉,然而不折伤。②

综上所述,荀子提倡以"君子之辩"明贵贱,别异同,所辩必须"言仁、顺礼",采取"辩而不争"的态度。因此,他所构筑的论辩理论体系呈现出一种"礼恭""辞顺""色从"的和谐景象。同时,他视那些"不法先王,不顺礼义"的"小人之辩"为"奸人之雄",比盗贼更加可恶,应当"诛杀"③。这从一个侧面也反映了荀子意识到"言辞"对于社会治乱的重要意义,认为有必要借用非语言手段对其进行干预。然而,这样一来,论辩就失去了其所存在的外在条件。

---

① (清)王先谦:《荀子集解》,中华书局 1988 年版,第 89—105 页。
② 同上书,第 84—85 页。
③ "听其言则辞辩而无统,用其身则多诈而无功,上不足以顺明王,下不足以和齐百姓,然而口舌之均,嘈唯则节,足以为奇伟偃却之属,夫是之谓奸人之雄,圣王起,所以先诛也。然后盗贼次之。盗贼得变,此不得变也。"参见(清)王先谦《荀子集解》,中华书局 1988 年版,第 88—89 页。

第八节　庄子的论辩思想

　　庄子（约前 369—前 286），继承和发展了老子"道法自然"的学说，提出"无为""无用""齐物""齐论"等主张，以实现"天人合一"①的境界为终极目标，后世将他与老子并称为"老庄"。在这一思想的指导下，庄子主张"齐是非"，即以"不谴是非以与世俗处"②的态度，倡导"大辩不言"③"辩不若默"④。然而，他生活在战国中期，当时诸子百家蜂起，围绕各自所主张的"道""义"展开了激烈的争论与论辩，论辩之风盛行。在这一时代大背景下，庄子不得不加入到这一时代大论辩的潮流之中，"反辩"并不代表"不辩"。相反，他以其论辩手法的娴熟与巧妙而著称，与惠施、魏惠王、楚国使者、监河侯、慕名利者及其弟子"辩"以阐发他的思想主张，例如，同惠施展开的"濠梁之辩"成为中国论辩史上的千古绝唱⑤。此外，庄子对"辩"本身所涉及的问题也进行了探讨。

　　论辩之所以发生是因为论辩双方针对某一问题存在着意见分歧与观点差异。在庄子看来，论辩主体间存在的一切意见分歧与观点差异都源于人有"成心"⑥，即"未成乎心而有是非"⑦。因此，认识主体通常从各自所具有的"成心"出发，并且"多得一察焉以自好"⑧

---

　　①　即庄子所描述的"天地与我并生，而万物与我为一"的状态。参见（清）王先谦《庄子集解》，中华书局1954年版，第13页。

　　②　同上书，第222页。

　　③　同上书，第14页。

　　④　同上书，第141页。

　　⑤　李瑞青：《庄子"辩无胜"思想的真理观解读》，《北京工业大学学报》（社会科学版）2008年第6期，第52页。

　　⑥　所谓"成心"，即"域情滞者，执一家之偏见者"，用现在的语言讲，就是认识主体所具有的偏见或先入之见。因受到特定时空、不同文化背景的局限，它虽各有所长，时有所用，但都因不能全面看问题而存在一曲之蔽。参见葛荣东《庄子论"辩"中的主体间性问题》，《文史哲》1997年第2期，第87页。

　　⑦　（清）王先谦：《庄子集解》，中华书局1954年版，第9页。

　　⑧　同上书，第216页。

"是其所非而非其所是"①，于是"天下大乱，贤圣不明，道德不一"②。针对这一状况，"众人辩之以相示"③，试图通过论辩来说服他人以接受自己的观点。然而，庄子对于论辩双方能否通过论辩明辨是非、判定对错持怀疑、否定的态度。

> 既使我与若辩矣。若胜我，我不若胜。若果是也，我果非也邪？我胜若，若不吾胜。我果是也，而果非也邪？其或是也，其或非也邪？其俱是也，其俱非也邪？我与若不能相知也。④

庄子不仅认为论辩本身无法明辨是非、判断对错，而且还认为诉诸第三者对论辩结果给予无偏见的客观判定也是不可能的。

> 吾谁使正之？使同乎若者正之？既与若同矣，恶能正之。使同乎我者正之？既同乎我矣，恶能正之。使异乎我与若者正之？既异乎我与若矣，恶能正之。使同乎我与若者正之？既同乎我与若矣，恶能正之。然则我与若与人，俱不能相知也。⑤

基于此，庄子主张用"和之以天倪，因之以曼衍"取代"辩"，解决"是非之涂，樊然肴乱"的情况。

> 是若果是也，则是之异乎不是也，亦无辩；然若果然也，则然之异乎不然也，亦无辩。⑥

因此，尽管庄子承认论辩可以区分出胜负（"若胜我""我胜

---

① （清）王先谦：《庄子集解》，中华书局1954年版，第9页。
② 同上书，第216页。
③ 同上书，第14页。
④ 同上书，第17页。
⑤ 同上书，第17页。
⑥ 同上。

若"），但其结论的对错无法通过论辩本身、论辩双方或者独立于论
辩主体的第三者予以批判。

第九节　韩非子的论辩思想

韩非子（约公元前280—前233），战国末期韩国人，受业于荀
子，却没有承袭儒家思想，而是"喜刑名法术之学，而其归本于黄
老"①，继承并发展了法家商鞅、申不害和慎到等的学说，提出了以
法为主，法、术、势三者相结合的思想体系，为先秦法家学派的集大
成者。韩非所处的时代，韩国日益削弱，他曾多次上书韩王变法图
强，但未被采纳，于是发愤著书立说，"悲廉直不容于邪枉之臣，观
往者得失之变，故作《孤愤》《五蠹》《内外储》《说难》十余万
言"②。现存《韩非子》一书，共五十五篇，其中《难言》《说难》
《问辩》等篇集中探讨了与论辩相关的各种问题，是我们研究韩非子
论辩思想的主要资料。

韩非子认为，辩"生于上之不明"，强调言辞、辩说若"不合于
法""不求实用""不顾功效"就会有亡国之祸，并将那些著书立说，
称引先王之道，宣扬仁义道德的善辩者列为"五蠹"之首。

> 或问曰：辩安生乎？对曰：生于上之不明也。问者曰：上之
> 不明，因生辩也。何哉？对曰：明主之国，令者，言最贵者也；
> 法者，事最适者也。言无二贵，法不两适，言行而不轨于法令者
> 必禁。……夫言行者，以功用为之的彀者也。……今听言观行，
> 不以功用为之的彀，言虽至察，行虽至坚，则妄发之说也。③
>
> 喜淫刑（辞）而不周于法，好辩说而不求其用，滥于文丽而

---

① （汉）司汉迁：《史记》，易行、孙嘉镇校订，线装书局2006年版，第284页。
② 同上。
③ （清）王先慎：《韩非子集解》，中华书局1954年版，第301—302页。

不顾其功者，可亡也。①

　　是故乱国之俗，其学者则称先王之道，以籍仁义，盛容服而饰辩说，以疑当世之法，而贰人主之心。……此五者，邦之蠹也。人主不除此五蠹之民，不养耿介之士，则海内虽有破亡之国，削灭之朝，亦勿怪矣。②

　　由此可见，韩非子不主张"辩"，但他在"以辩止辩"的"息辩"过程中，仍然希望人们在谈说论辩中"审于是非之实，察于治乱之情"③"从于道而服于理"④。因此，在"成方圆而随其规矩，则万事之功形矣"⑤的基础上，韩非子也在探寻着谈说论辩⑥的"规矩"。

　　首先，他意识到臣下向君主进言异常困难，言路上臣子们动辄得咎左右为难。

　　言顺比滑泽，洋洋纚纚然，则见以为华而不实。敦厚恭祗，鲠固慎完，则见以为拙而不伦。多言繁称，连类比物，则见以为虚而无用。总微说约，径省而不饰，则见以为刿而不辩。激急亲近，探知人情，则见以为谮为不让。闳大广博，妙远不测，则见以为夸而无用。家计小谈，以具数言，则见以为陋。言而近世，辞不悖逆，则见以为贪生而谀上。言而远俗，诡躁人间，则见以为诞。捷敏辩给，繁于文采，则见以为史。殊释文学，以质信言，则见以为鄙。时称诗书，道法往古，则见以为诵。……故

---

①　（清）王先慎：《韩非子集解》，中华书局1954年版，第78页。

②　同上书，第350页。

③　同上书，第72页。

④　同上书，第101—102页。

⑤　同上书，第112页。

⑥　韩非子所论述的"说"、"辩"主要指的是"向人主进说"。由于君主掌有臣子的生杀大权，决定了这一论说形式具有一定的特殊性，但并不能因此否认韩非子对中国古代论辩思想的贡献。

度量虽正，未必听也；义理虽全，未必用也。大王若以此不信，
而小者以为毁訾诽谤，大者患祸灾害，死亡及其身。①

其次，他认为进言之所以困难在于如何使论说者的言辞与进说对
象的心理需求相匹配，即"知所说之心，可以吾说当之"②。也就是
说，为了实现进说的目的，尽管"所说"的心理深不可测，但不可
不察、不可不知。韩非首次把了解论辩对方心理需求纳入考虑，表明
论辩的言辞需因"所说"心理需求的不同而异，否则，所进之言必
被抛弃、疏远。

凡说之难，在知所说之心，可以吾说当之。所说出于为名高
者也，而说之以厚利，则见下节而遇卑贱，必弃远矣。所说出于
厚利者也，而说之以名高，则见无心而远事情，必不收矣。所说
阴为厚利而显为名高者也，而说之以名高，则阳收其身而实疏
之，说之以厚利，则阴用其言显弃其身矣。此不可不察也。③

鉴于此，韩非在深入揣摩人主心理和总结历史教训的基础上提出
了一系列进说之术，如揣摩迎合、纵横捭阖、辩才无碍、巧舌如簧、
装聋作哑、胁肩谄笑、溜须拍马、顺风推船、与时逶迤等，提出"不
触逆鳞"之说。

故谏说谈论之士，不可不察爱憎之主，而后说焉。夫龙之为
虫也，柔可狎而骑也。然其喉下有逆鳞径尺。若人有婴之者，则
必杀人。人主亦有逆鳞。说者能无婴人主之逆鳞，则几矣。④

---

① （清）王先慎：《韩非子集解》，中华书局 1954 年版，第 14—15 页。
② 同上书，第 60 页。
③ 同上书，第 60—61 页。
④ 同上书，第 66 页。

然而，正如司马迁所说，"余独悲韩子为《说难》而不能自脱耳"①，足见在君王面前进言之难了。

与墨子、荀子所不同的是，韩非没有明确提出具体的论辩技巧。但是，从《储说》《难一》《难二》《难三》《难四》等诸多篇章中，可以看出他熟练地运用了各种论辩技巧，例如，《储说》运用广为人知的历史故事论证自己的观点，先扼要地提出论点，叫做"经"，后广泛征引历史、传说故事详加阐述，即是"说"②。又如，"难"先引一段已有定论的历史故事，然后由"或曰"引出自己的议论，反驳前人成说③。

综上所述，韩非子从"功用"主义的视角来评判论辩，"听其言，必责其用，观其行，必求其功"④，追求论说的效果，并认为论说对象的心理需求与论说效果密切相关。此外，他所开创的"连珠体"与"问难体"可谓是我国论辩模式的雏形。

第十节　当代中国论辩研究的历时比较

春秋战国时期，社会动荡不安。频繁的战乱致使人民饱受苦难，社会混乱无序，于是，各家纷纷为"天下大治"提出自己的主张，正如张舜徽所说，"周秦诸子之言，起于救时之急，百家异趣，皆务为治"⑤，然而，因各家所处的阶级和代表的利益不同，他们所提出的政治主张必然不同，而且，对于各种学派而言，只有借助于统治阶层的支持才能将自身理论转化为现实力量。为此，他们相互争辩，不仅需要确立自己的观点，也要驳斥别人的观点。也就是说，为了保证所代表阶级的利益，他们不得不总结论辩的经验和教训，研究论辩的原则和方法。因此，先秦时期的诸子学说虽被贴上"哲学""思想

---

① （汉）司汉迁：《史记》，易行、孙嘉镇校订，线装书局 2006 年版，第 286 页。

② 这种"经"、"说"配合前后呼应的写法成为后世"连珠体"的滥觞。

③ 在文体上相当于今天的驳论文，开创了问难文体的先例。

④ （清）王先慎：《韩非子集解》，中华书局 1954 年版，第 324 页。

⑤ 张舜徽：《周秦道论法微·前言》，中华书局 1982 年版。

史"等标签，然而，他们也可被看成是诸子运用语言与统治者
"辩"、与持有不同观点的其他思想者"辩"、与自己的弟子"辩"
等，在这一意义上，堪称一部不折不扣的"论辩史"①。同理，先秦
时期的诸子不仅仅是"哲学家""思想家"，亦是出色的"论辩家"
与"论辩学家"，他们积极从丰富的论辩实践中提取有关论辩的原则
与方法。

将先秦时期诸子的论辩实践及其关于论辩思想的论述与当代中国
论辩研究的基本设定相比较，可以得出以下几个结论：

第一，先秦诸子不是"为了论辩而论辩"，而是为了确保各自
学说、思想的推行。这样一来，论辩活动就与诸子的政治利益、学
术利益等休戚相关，既可被用于试图改变现状，又可被用于巩固现
有的价值观念、意识形态等。论辩的这一"功用目的"与当代中国
论辩研究中认为"论辩的终极目的在于追求真理，揭露荒谬"形成
对照。

第二，先秦诸子虽对"言"的态度不尽相同，但他们都意识到
"言说"对于社会发展、学说、主张的推行以及个人修养与发展的重
要性，同时，对"言"所具有的不稳定性又流露出担心甚至恐惧，
具有"语言忧思"意识，这从反面印证"言"蕴含着巨大的潜能。
强调论辩与"言"的关系有别于当代中国论辩研究将"论辩基于逻
辑"这一基本设定。

第三，先秦诸子认为"辩"要合"礼""法""理""故"等的
要求与规束，即论辩活动或论辩实践应符合当时社会的历史文化语
境，符合这一社会、文化现实所预设的基本认定与基础观念。唯有这
样，才是"合法""有效"的论辩。由此可见，论辩规范受到社会现
实的制约，有些话题是"可讨论的"，有些是"不可讨论的"。论辩

① 如在《解读〈鹖冠子〉——从论辩学的角度》一书中，作者这样写道："这些文献
常常喜欢运用语言艺术，广义的理解起来也就是'劝说的艺术'（the art of persuasion），说
服执政者接受某些价值、态度和策略。"参见［比］戴卡琳《解读〈鹖冠子〉——从论辩
学的角度》，杨民译，辽宁教育出版社 2000 年版，第 111 页。

的这一特征并未引起当前国内学术界的关注。

第四，先秦诸子不仅积极投身于论辩实践之中，而且能够根据当时论辩实践的要求，从理论高度主动构筑相关的论辩规范与实践模式，如墨子、荀子、韩非子等在自己所构筑的学说著述里都有所涉及。诸子实现了"知与行"的完美统一。由此可见，论辩思想的构筑必须立足于当时论辩实践的要求，再反过来，为其提供理论指导。意识到这一点对于改变"当代论辩研究脱离当代论辩实践的要求，过于关注辩论赛这一高度形式化与程序化的特殊论辩形态"的研究现状也有积极作用。

第五，先秦诸子强调论辩者应将语境（context）、说话对象（audience）、时机（kairos/occasion）、言说目的（purpose）、"言"的效果（effect）等多种因素纳入考虑，而且针对上述情况的不同，采取相应的论辩原则与技巧。如韩非首次表明论辩的言辞需因"所说"心理需求的不同而异。基于"修辞—语用（效）"基础之上所构筑的论辩规范与实践模式与当代国内论辩研究者们所关注的"逻辑—事实"模式相比较，两者之间不论是出发点，还是兴趣关注点都大异其趣。

上述几点对于指导我们如何在当代语境下构筑中国的论辩规范与实践模式所具有的重要性是怎么强调都不过分的。然而，可惜的是，中国当代关于论辩的研究谈不上是对传统论辩思想的传承，二者之间出现了观念断层。相反，中国传统论辩思想与西方当代主流论辩研究倒有相通之处。

第十一节　本章小结

本章首先简要概述了中国传统论辩研究的概况。由于不论是论辩实践，还是论辩理论在先秦时期都迎来了其黄金发展阶段，因此，本章以这一时期为例，探讨了在当时历史语境之下先秦诸子赋予"论辩"的丰富意义及其这一概念所享有的崇高研究地位。基于此，本章从历时的角度，重新审视与批判当代中国论辩研究所形成的基本认定，以期为在当代社会形势下构筑论辩规范与实践模式提供一个重要的历史参照点。与此同时，本书在下一章节介绍当代西方的主流论辩理论，希望为在新形势下重新构筑论辩规范与实践模式提供一个共时参照点。

第三章

当代中国论辩研究的共时比较

　　当前中国论辩研究所形成的基本设定中存在的种种问题主要由以下两个原因造成的。一是正如上章所述，历史视野狭隘。当代中国论辩研究未能按照时代要求重新整理与反思中国传统论辩思想。二是理论视野狭隘。在全球化的新语境下，当代中国论辩研究未能积极引进、吸收、融合当代西方的主流论辩理论，为构筑有中国特色、与中国论辩实践相适应的论辩理论提供参照。

　　虽然自 20 世纪 90 年代以来，我国学者译介了当代西方论辩理论的部分成果，然而，引进的成果并未引起国内学术界，尤其是修辞学界、论辩研究者们的注意，没有积极转化为指导我国论辩实践与构筑当代论辩规范的理论依据。这样一来，由于缺乏对当代西方那些具有深层规范功能的论辩实践与劝说模式的研究、了解，严重影响了我国在跨文化话语交往中达到"与国际接轨"这一最终目标的进度。为此，本章以西方论辩研究范式的转换为出发点，展开对当代西方主流论辩理论的讨论，阐明当代西方论辩实践中那些被作为论辩构筑出发点的"基础认定"（foundational assumptions），以期为当代中国论辩规范与实践模式的重构提供另一理论视角。

第一节　论辩研究范式的转换

　　自 17 世纪以来，西方现代主义思潮开始在整个欧洲蔓延。其后，以法国哲学家、数学家和科学家勒内·笛卡尔（Rene Descartes，1596—1650）的思想为代表的理性主义（rationalism）、以英国哲学家弗兰西斯·培根（Francis Bacon，1561—1626）和约翰·洛克（John

Locke，1632—1704）的思想为代表的经验主义（empiricism）以及德国哲学家伊曼努尔·康德（Immanuel Kant，1724—1804）的先验论（apriorism）支配了欧洲思想界近三百年。

在这些启蒙思想家的推动下，人们坚信"现实"（reality）是客观存在的，借助自己与生俱来的理性和感知官能，并遵循公认的"科学"方法，就能够对这一"现实"及支配其存在与转化的恒定规律或法则作出唯一正确的表述。也就是说，只要是解决问题的方法"科学"可靠，就能发现"客观"存在着并具有唯一性的"真情实况"，就能在所有领域获得"确定无疑的知识"，并揭示"真理"。由于人们崇拜"理性与科学"，所以对"确定性""必然性"和"客观性"的追求成了当时的学术时髦。

随后，在上述三股现代主义思潮的影响、促进以及授权下，旨在寻求在严谨的数学系统的框架内界定"正确的推理法则"的"形式逻辑"①（formal logic）在19世纪中叶应运而生，并在接下来的一个多世纪中获得了长足的发展。它主要采用数学方法研究概念、命题及命题之间的关系，并以此构成严密的公理化符号系统来阐释推理过程和法则，对现代论辩研究产生了深远的影响。

追溯历史，早在17世纪，德国自然科学家、数学家和哲学家戈特弗里德·威廉·凡·莱布尼茨（Gottfried Wilhelm von Leibniz，1646—1716）就曾经设想创造一种像数学符号一样，人人都能懂、全世界共用的"通用语言"。这种语言简单易记、结构严谨，可以消除自然语言的歧义，有利于进行逻辑分析和逻辑综合。他还进一步设想在符号语言

---

① 形式逻辑在西方有两千多年的历史，19世纪中叶以前的形式逻辑称为传统形式逻辑，19世纪中叶以后发展起来的称为现代形式逻辑，通常称为数理逻辑或者符号逻辑。本书的"形式逻辑"指的是发端于19世纪中叶的现代形式逻辑，主要为了与下文的"非形式逻辑"（informal logic）形成对照，因此称为"形式逻辑"。因此，如无特别说明，本书中的"形式逻辑"指的是现代形式逻辑，与"数理逻辑""符号逻辑"可以通用。关于形式逻辑发展史的论述，请参阅中共中央党校哲学教研室《形式逻辑纲要》，中共中央党校出版社1985年版，第298—304页；戴希培《形式逻辑引论》，黑龙江教育出版社1988年版，第379—381页；连丽霞《形式逻辑教程》，中国农业大学出版社2004年版，第1—8页。

的基础上建立起逻辑演算系统，进而使思维和推理就像数学一样利用公式来进行计算，从而得出"正确"的结论。然而，由于当时的社会条件所限，在构筑具有"通用语言"和"通用数学"功能的符号逻辑体系方面，莱布尼茨未能完全成功。莱布尼茨所开创的"数理逻辑"（mathematical logic）经由英国数学家、逻辑学家乔治·布尔（Boole George，1815—1864）、德国数学家、逻辑学家和哲学家弗里德里希·路德维希·戈特洛布·弗雷格（Friedrich Ludwig Gottlob Frege，1848—1925）以及英国哲学家、数学家和逻辑学家伯特兰·罗素（Bertrand Russell，1872—1970）的不断发展而日趋成熟和完善。

　　1847 年，布尔在发表的《逻辑的数学分析》（*The Mathematical A-nalysis of Logic*）中认为逻辑是类的代数，通过选择连接各个类就构成类与类的运算，使推理转化为代数中的计算。他创立了"布尔代数"，并创造了一套符号系统，利用符号来表示逻辑中的各种概念。此外，布尔还建立了一系列的运算法则，利用代数的方法研究逻辑问题，发展了莱布尼茨创立人类"通用语言"的思想，确认语言的形式化、符号化可使逻辑更加严密和精确。1879 年，弗雷格发表《概念文字》（*Concept Notation/ Writing*）一书，他在逻辑研究中首次引入变元、量词、真值和函数等新概念，把逻辑构造成了一种表达纯思维的算术系统，试图证明算术与逻辑是等同的，并按照系统性和严格性的要求建立了现代逻辑史上第一套一阶谓词演算系统。与传统的逻辑系统相比，这套演算系统彻底摆脱了传统逻辑对自然语言的天然依附，完全以纯形式的方式表达思想，由此，真正确立了一切认识基础的规律。但是，真正把逻辑演算完备化，并对后来的发展产生巨大影响的是罗素。他和阿弗烈·诺夫·怀海德（Alfred North Whitehead，1861—1947）合著的三卷本《数学原理》（*Principia Mathematica*）认为数学是从逻辑推导出来的，并提出了一个完整的命题演算和谓词演算的公理系统。虽然这种逻辑主义不无缺欠，但在逻辑史上被看作是数理逻辑至此完成的标志。

　　"形式逻辑"在"纯粹的形式科学"（如符号逻辑或数学）和"纯粹的实验"中形成"客观方法"，把数学的形式方法扩展到逻辑中，并试图用符号语言代替日常语言。它用演算规则代替一般推理规则，在研究中广泛使用"人造语言"（artificial language）来构设纯粹的形式体系，并将其发展为一种形式化的公理方法。正如一般的数学演算那样，演算规则仅仅涉及符号的形状，而不涉及符号的含义。这一逻辑体系与20世纪初叶风行一时的逻辑实证主义（logical positivism）①"相得益彰"，使得当时学术界的主流学者追求"确定无疑的知识"，相信"客观方法"对所有领域都适用，积极探索和实践能够导致"确证"（demonstration）的思维方法和证明手段。

在16世纪结束之后的大约300年间，"语言""意义""方法""知识"等现代主义范畴逐步取代了"话题""效果""手段""意见"等传统概念，成为流行的新关键词语；如何应用新近阐明的科学方法获取有关物质世界的新知识取代了如何通过解读和阐释经典文献使人类文化积淀和智慧结晶得到传承，成为思想知识界的最大兴趣；"客观"地研究被认为独立于话语的那个"现实"并对它作出准确表述取代了对以话语为中介的人际关系和社会互动的审视，成为智力活动的基本方向；运用已被确立、不容置疑的专门知识开导和启蒙那些"无知"、"蒙昧"的芸芸众生，取代通过挖掘和利用公共话语领域的现成资源说服有主见和判断的公众，成为最受推崇的话语互动模式。②

在现代主义智力秩序和"形式逻辑"占统治地位的那个时代，论辩研究主要包含以下两个方面的内容：（1）基于个人的"逻辑推理"，在"逻辑"的范畴内探索思想/言说者个人的推理过程，认为所有的推理或论证过程都应该遵循公认的科学方法，致力于确定与论证对象相关的"真情""事实"或"概率"；将注意力集中于个体的思维活动，在逻辑语义学的狭小框架内对推理和思维的"正确形式"进行研究；通过语义和形式分析鉴别出超越具体语境的所谓"推理谬误"——即有

---

① 逻辑实证主义试图用自然科学的标准衡量一切事物，认为一切有意义的问题都可以通过科学手段得到实证检验，获得确定答案；那些无法通过科学手段或程序被证实或证伪，不具确定性的命题则毫无意义。

② 刘亚猛：《西方修辞学史》，外语教学与研究出版社2008年版，第229页。

缺陷的思维和推论方式——成了论辩研究的中心任务[1]；（2）作为一种
文体进行研究，即论说文[2]。这两个方面的研究都未能超越"逻辑"限
定的框架，认为论辩的基础是逻辑分析（logical analysis），"命题"
（proposition）、"归纳论据"（inductive arguments）、"演绎论据"（de-
ductive arguments）、"证据"（evidence/ proof）、"推理"（reasoning）、
"谬误"（fallacy）、"普世"（universal）、"有效"（valid）是现代论辩
研究的核心词语；将论辩作为一个过程（process）简单分为发现命题
（finding the proposition）与证明命题（proving the proposition）这两个步
骤；分析的论辩事例不是来源于现实生活，而是人为虚构的"话语事
例"[3]。这一以"逻辑为中心"的论辩研究范式与现代主义智力秩序相
互影响、配合、促进。一方面，这一论辩研究范式得到现代主义思潮与
"形式逻辑"的双重"授权"，可以在学术界迅速确立自己的合法地位；
另一方面，这一论辩研究范式的迅速发展使得"科学""理性""客
观""知识"等信念更加深入人心。

　　然而，正当人们认为自己已经进入"科学与理性"时代，为自己
取得的科学成就兴奋不已之时，两次惨绝人寰的世界大战的爆发引发
了人们对于崇仰"科学"与"理性"的现代主义观念的深刻反思，
使人们从盲目崇拜中醒悟过来。从 20 世纪中叶开始，思想界开始对
三百多年来一直在西方保持统治地位的现代主义智力秩序发起强有力

---

　　① 刘亚猛：《西方修辞学史》，外语教学与研究出版社 2008 年版，第 309 页。

　　② 由于本书的关注点在于第一个方面，因此对第二个方面暂不赘述。具体请参阅 Baker
George Pierce, *Specimens of Argumentation* 2nd ed., New York：Henry Holt and Company, 1897. Buck
Gertrude, *A Course in Argumentative Writing*, New York：Henry Holt and Company, 1901. 等等。

　　③ 具体请参见 Baker George Pierce, *The Principles of Argumentation*, Boston：Ginn & Compa-
ny, 1895. MacEwan Elias J., *The Essentials of Argumentation*, Boston：D. C. Heath & Company,
1899. Baker George Pierce and Henry Barrett Huntington, *The Principles of Argumentation* (*Revised and
Augmented*), Boston：Ginn & Compamy, 1905. Laycock Craven and Albion Keith Spofford, *Manual of
Argumentation*, New York：Macmillan, 1906. Perry Frances M., *An Introductory Course in Argumenta-
tion*, New York：American Book Company, 1906. Pattee George K., *Practical Argumentation*, New
York：The Century Co., 1909. Ketcham Victor Alvin, *The Theory and Practice of Argumentation and
Debate*, New York：Macmillan, 1915. Phelps Edith M. ed. *Debater's Manual* 4th ed., New York：The
H. W. Wilson Company, 1922.

的冲击。许多以科学作为研究对象的哲学家对以笛卡尔和洛克为首的
"现代哲学"进行了深刻反思，最终停止了对"形式逻辑"的顶礼膜
拜，转而重视知识的历史和社会语境，并在"后现代主义"的旗帜
下汇集为新的主流意识，这为论辩研究创造了宽松的智力环境。此
外，民权运动、反战运动、女权运动的兴起，要求论辩研究能够解释
在"真情实景"中发生的论辩实践，论辩理论能指导现实生活中发
生的争议。这一现实需求也催生了新的"论辩"模式。

　　直到 20 世纪 60 年代末，论辩研究的范式才开始发生变化。正如
刘亚猛所论述的：

　　　　这一状况（"逻辑中心"论辩观）到了 20 世纪 60 年代末才
　　开始发生变化。从那个时候以来，越来越多的论辩学家顺应了
　　"修辞转折"① 的浩荡潮流，以研究"对话逻辑"、"非形式逻
　　辑"、"辩证"等名义一步步地将对论辩的研究引回到其"双向
　　互动"的实践本源，实现了对论辩学的修辞改造，使之承担起研
　　究在真实的社会文化语境中，人们如何运用"自然语言"就
　　"政治、法律、科学和日常生活等所有方面出现的争议进行说服
　　活动"和"批判性分析"的新任务。②

---

①　"修辞转折"（the rhetorical turn）指的是修辞意识在人文科学各领域的迅速蔓延和
"研究修辞"（rhetoric ofinquiry）运动的蓬勃发展。它首先意味着在"理性与科学"时代脱
离修辞这一"母体"，通过和传统修辞思想决裂而发展起来的那些现代研究领域对修辞的一
种回归。尽管这种"回归"更多地表现为理念上和"心灵"上的感应而不是体制上和组织
结构上的认同，然而，它对 20 世纪下半叶西方人文学科的发展影响深远。刘亚猛：《西方
修辞学史》，外语教学与研究出版社 2008 年版，第 292—293 页。

②　具体请参见 Walton Douglas N. and Erik C. W. Krabbe, *Commitment in Dialogue: Basic
Concepts of Interpersonal Reasoning*, Albany: State University of New York Press, 1995, pp. 2 - 6.;
Walton Douglas N., *Informal Logic: A Handbook for Critical Argumentation*, Cambridge: Cambridge
University Press, 1989, p. ix. 转引自刘亚猛《西方修辞学史》，外语教学与研究出版社 2008
年版，第 309—310 页。原文并没有着重号，为了强调，笔者自行添加。

第二节　凯姆·帕尔曼的论辩理论

一　帕尔曼的生平和著作

凯姆·帕尔曼（Chaim Perelman，1912—1984）生于波兰，1925年移居比利时。在布鲁塞尔自由大学求学期间，深受比利时社会学家尤金·迪普雷尔①（Eugène Dupréel，1879—1967）的影响，帕尔曼探究几个世纪以来一直困扰着哲学家们的难题：人们如何获得"价值判断"的逻辑基础？在其 19 岁发表的第一篇论文中，帕尔曼就影射了逻辑实证主义对于解决"价值观念"的争论没有任何用处这一观念；他在 21 岁时，又发表了两篇对其后来发展影响巨大的文章：《分析"真值判断"的社会价值》（*An analysis of the social status of truth-judgments*）和《系统探讨任意元素在认识论中的作用》（*A systematic examination of the place of arbitrary elements in a theory of knowledge*）。1934年，他获得法律博士学位，1938 年又获得哲学博士学位。自此之后，帕尔曼开始在学术界崭露头角。

20 世纪 40 年代之前，帕尔曼的著述主要还是以当时的学术主流思想，即笛卡尔的理性主义、逻辑实证主义和经验主义等，为基础。虽然分析法律话语中的一些逻辑悖论和自相矛盾之处在一定程度上动摇了他对这些学说的信念，但并未割断他与当时正统思想的关联。例如，在 1940 年的一篇文章中，他还论证了科学推理与哲学推理的相似之处，认为哲学推理与科学推理有相同的逻辑结构②。总体而言，20 世纪 40 年代的欧洲，逻辑推理不受"基本价值观念"影响的观点

---

① Eugène Dupréel 认为社会群体的形成始于拥有共同的价值观念；道德标准反映了社会对某些行为的评价方式（Social groupings result from a confluence of shared values, and that moral standards reflect the way a society evaluates specific actions.）。这些表述对帕尔曼日后的学术研究影响深远。

② 具体请参见 Perelman Chaim，"Une Conception de la Philosophie"，*Revue de l' Institut de Sociologie*，Vol. 20，No. 1，1940，pp. 39 – 50。

还深入人心，并未受到当时学术界的质疑。

第二次世界大战期间，身为犹太人的帕尔曼见证了"罪恶之普遍"（banality of evil）与"命运之无常"（fickleness of fortune），感受到理性主义与逻辑实证主义在"疯狂世界"面前的"无效"与"无助"。因此，他对"正义"（justice）这一"混杂的"（confused）概念进行了详尽的研究，并发表了一篇长达 84 页的题为"论正义"（*De la Justice*，1945）的文章。在文中，他认为，几个世纪以来，哲学家和政治家们一直围绕着如何解释"正义"而争论不休，但是现存的任何一个推理模式都不能解决这一争论；他首次提出"正义规则"（rule of justice），认为它是所有理性活动（rational activity）的基础。后来，这一认定成为他整个哲学事业的"奠基认定"。

第二次世界大战即将结束之时，帕尔曼重新开始他的学术生涯。1948 年，年仅 36 岁的帕尔曼成为布鲁塞尔大学历史上最年轻的正教授。然而，他的学术兴趣却在这时发生了转变。他转而关注当人们每天不得不做出选择的时候，特别是这些选择与"必然性"（necessity）或者"不证自明性"（self-evidence）并不相关的时候，是否能够找到理性基础？如果找不到，这些判断难道就是心血来潮、反复无常、任意的武断吗？等等一系列问题。此时，身为法学、逻辑学、形而上学教授的帕尔曼追求的是一种"兼容并蓄"（eclectic）的研究态度，并努力使自己的研究不受任何现存学科的限制。他的著作不仅在哲学刊物、社会学期刊、伦理学与逻辑学的论文集上发表，还在专门研究国际法与世界和平的出版物上刊登。同年，露西·奥尔布莱希特—泰特卡夫人（Lucie Olbrechts-Tyteca，1899—1988）成为帕尔曼最忠实的听众之一，并在此后与他合作长达 30 多年，著述颇丰。

此后的二十多年，帕尔曼应邀参加欧美各种学术访问和学术会议，享誉西方学术界，尤其是言语交际学界、修辞学界、法学界等。20 世纪 70 年代中期，帕尔曼的作品被奉为"经典"，受到当代修辞理论文选、教科书、研究生论文、期刊文章与会议论文的推崇。作为"新修辞学"的主要倡导者之一，他在这一领域与肯尼斯·伯克（Kenneth Burke）、I. A. 理查兹（I. A. Richards）、理查德·威弗尔

（Richard Weaver）等齐名。

1984 年，帕尔曼死于心脏病。刻在他盾徽与墓碑上的摘自于《圣经·申命记（16：20）》的话，"正义，你永远追求正义"（*Justice, justice you shall pursue*），正是帕尔曼一生学术追求的缩影。

帕尔曼的主要著作有：（1）1952 年，帕尔曼与奥尔布莱希特—泰特合作首次发表了题为《修辞学和哲学：一种哲学论辩的理论》（*Rhétorique et philosophie：Pour une Théorie de l' Argumentation en Philosophie*）。该书探究了逻辑与修辞学、自由与责任、论辩中行动与人的关系，还探讨了哲学体系中"证明"的本质等话题；（2）1958 年，帕尔曼与奥尔布莱希特—泰特发表了二卷本的巨著《新修辞：论论辩》（*La Nouvelle Rhétorique：Traité de l' Argumentation*；1969 年出版英译本：*A New Rhetoric：a Treatise on Argumentation*）。该著作试图与"过去三个世纪西方哲学带着的印记，即笛卡尔的理性观与推理方法决裂"，将注意力投向"论辩"或者"新修辞"，对当代修辞理论、论辩研究、法学推理研究影响深远。根据美国科学情报研究所（Science Citation Index Expanded，SCIE）的统计，仅 1988—2004 年间，《新修辞》的引证次数高达 446 次[1]；（3）1965 年，帕尔曼发表《哲学思维的历史导论》（*An Historical Introduction to Philosophical Thinking*）；（4）1970 年，发表《修辞学的范围》（*Le Champ de l' Argumentation*；*L' Empire Rhétorique*；1982 年出版英译本：*The Realm of Rhetoric*）；（5）1976 年，发表《法律逻辑：新修辞》（*Logique Juridique：Nouvelle Rhétorique*）；（6）1979 年，发表《新修辞和人文科学：修辞学及其应用文集》（*The New Rhetoric and the Humanities：Essays on Rhetoric and Its Applications*）；（7）1980 年发表《正义、法律和论据》（*Justice, Law, and Argument*）。仅从这些著作的标题即可看出，帕尔曼将修辞、论辩看成是一种"非形式逻辑"，一种维护日常生活正常运转所需要的"逻辑"，这也正是帕尔曼论辩理论的基本

---

① Loui Ronald P. , "A Citation-Based Reflection on Toulmin and Argument", *Argumentation*, Vol. 19, No. 3, December 2005, p. 262.

认定。

二　帕尔曼论辩理论的总体特征

第二次世界大战的残酷使帕尔曼意识到以笛卡尔为首的"理性主义""逻辑实证主义""经验主义"等"理性与科学"虽然在一定程度上极大地促进了科学技术的发展，丰富了人类的物质生活，但是却无助于解决人类面临的重大社会和道德问题。另外，在数理推论方法的基础上发展起来的现代逻辑思想也无法为"如何界定正义"和"价值观念在推理中发挥什么作用"这些问题提供令人满意的答案。因此，帕尔曼的研究兴趣由"逻辑"（logic）转移到"新修辞"（new rhetoric）①或者"论辩"（argumentation）上来。

总体来说，帕尔曼构筑的论辩理论体系具有以下两个特征：

首先，帕尔曼在对西方现代主义智力秩序和现代逻辑体系深刻批判与解构的基础上，以"修辞"的名义构建自己的论辩理论。用他自己的话说，他的理论体系植根于从古希腊延伸下来的"修辞和辩证传统"，并且与"过去三个世纪西方哲学带着的印记，即笛卡尔理性观和推理方法决裂"②。在构筑理论体系的过程中，帕尔曼发现与推理关系密切的不是那些所谓的"现代科学"（形式逻辑、分析哲学），而是源于古希腊的"西方修辞传统"。因此，帕尔曼的论辩理论既是对当时主流思想的"回应"，又是对西方修辞传统的"回归"。

其次，帕尔曼的论辩理论研究"在真实、日常语境内如何通过话

---

① 其实，帕尔曼意识到 dialectic 跟修辞一样，但是为了避免与黑格尔后期提出的"辩证法"（dialectic）的含义混淆，产生歧义，因此，他称自己的论辩理论体系为"新修辞"（the new *rhetoric*），而不是"新辩证"（the new *dialectic*）。具体参见 Eemenren Frans H. van, Rob Grootendorst, et al. , *Fundamentals of Argumentation Theory: A Handbook of Historical Backgrounds and Contemporary Developments*, Mahwah: Lawrence Erlbaum Associates, 1996, p. 96。

② Perelman Chaim and L. Olbrechts-Tyteca, *The New Rhetoric: A Treatise on Argumentation*, Notre Dame: University of Notre Dame Press, 1969, p. 1. 转引自刘亚猛《西方修辞学史》，外语教学与研究出版社 2008 年版，第 322 页。

语手段影响受众对论点的信奉程度"①，系统地描述这些"手段"（techniques），而不是确立一套论辩者应该严格遵守的规范、程序和标准。因此，他的理论体系是描述性的（descriptive），而非规定性的（normative）②。

三　帕尔曼论辩理论体系

我们主要从以下三个方面分析帕尔曼的论辩理论体系：论辩者/受众关系、论辩的"出发点"和论辩技巧③。

1. 论辩者/受众的关系

帕尔曼强调论辩是"面向受众"的话语实践，旨在"影响受众的态度，促成某一行为或行动"。在论辩过程中，论辩者和"受众"非进行某种"智力接触"不可。因此，论辩者在推理和论证过程中不能不考虑"受众"这个因素，更不能忽略论辩者/受众的关系。

"受众"，作为帕尔曼论辩理论体系的核心概念，是确定论辩品位和论辩者行为的决定性因素④。那么"受众"又该怎么定义呢？所谓"受众"不能被等同于论辩者可以指名道姓并与之交谈的人，或等同于他发言时在场的人。"受众"的正确定义应该是"言说者希望通过自己的论辩加以影响的所有那些人构成的一个组合"⑤。这一定义点明了"受众"的本质特征，即其成员针对某一事件的意见、观点、

---

①　Perelman Chaim and L. Olbrechts-Tyteca, *The New Rhetoric: A Treatise on Argumentation*, Notre Dame: University of Notre Dame Press, 1969, p. 4. Eemenren Frans H. van, Rob Grooten-dorst, et al. , *Fundamentals of Argumentation Theory: A Handbook of Historical Backgrounds and Contemporary Developments*, Mahwah: Lawrence Erlbaum Associates, 1996, p. 98.

②　Eemenren Frans H. van, Rob Grootendorst, et al. , *Fundamentals of Argumentation Theory: A Handbook of Historical Backgrounds and Contemporary Developments*, Mahwah: Lawrence Erlbaum Associates, 1996, p. 94.

③　帕尔曼的理论博大精深，从不同学科角度阐释会有不同的见解。本文仅从中选取与当代西方论辩理论相关的部分详细论述。

④　Perelman Chaim and L. Olbrechts-Tyteca, *The New Rhetoric: A Treatise on Argumentation*, Notre Dame: University of Notre Dame Press, 1969, p. 24.

⑤　同上书，第19页。

态度、决定等是论辩者十分在乎并试图加以影响的。所以，对论辩者
而言，重要的不是对自己的立场和好恶有清楚的认识，而是知道说话
对象持什么看法，抱有哪些价值观念，根据"受众"的具体情况决
定说些什么话以及怎么说，并通过取悦、调适、顺应使自己所讲的道
理与"受众"的兴趣和愿望相适配①。

　　同时，"受众"也可以被理解为一种"或多或少被系统化的构
筑"。这就要求论辩者与"受众"发生真实交流和接触之前，应尽力
搜寻有关"受众"成员的心理信息（年龄、性格等）和社会信息
（"受众"的社会环境、他跟什么人交往、生活在什么人中间等）。然
后，根据这些信息在心中"构筑"（construct）一个他认为最与现实
生活中的"受众"相符的"虚拟受众"，并据此确定自己的论辩策
略、内容、结构和风格。论辩能否有效进行、取得理想的论辩效果取
决于论辩者的这一"构筑"（construction）是否与"真实受众"的状
况相吻合②。然而，多数情况下，论辩者所面对的是所谓的"混成受
众"（composite audience）③。此时，如果论辩者仅仅将注意力集中于
某一"特定受众"，论辩的有效性很容易被对手或反对派质疑，因为
"特定受众"的观点极有可能与其他人的观点相左。因此，西方论辩
实践中的一个常见手法是：论辩者面对的虽然是由有名有姓、有自己
独特经历和思想感情、属于某一特定社群的人构成的一个"特定受
众"，却往往在论辩中将他们当作由世上一切"有理性"或"通情达
理"的人构成的那个受众集合，即"普世受众"的成员看待。尽管
帕尔曼认为，"普世受众"的"普世性"和"一致性"在现实生活中

---

　　① 参见"Adaptation of the Speaker to the audience"这一小节。Perelman Chaim and
L. Olbrechts-Tyteca, *The New Rhetoric: A Treatise on Argumentation*, Notre Dame: University of
Notre Dame Press, 1969, pp. 23 – 26。

　　② 参见"The Audience as a Construction of the Speaker"这一小节。Perelman Chaim and
L. Olbrechts-Tyteca, *The New Rhetoric: A Treatise on Argumentation*, Notre Dame: University of
Notre Dame Press, 1969, pp. 19 – 21。

　　③ "混成受众"（composite audience）指的是其成员在性格、信仰、职责等方面各不相
同的一个群体。原文请参见 Perelman Chaim and L. Olbrechts-Tyteca, *The New Rhetoric: A Trea-
tise on Argumentation*, Notre Dame: University of Notre Dame Press, 1969, p. 21。

当然并不存在，只是论辩者想象出来的，每个人都根据他对周围其他人的了解，在设法超越他感觉得到的某些差异的前提下，构筑起他自己的"普世受众"。每一个人，每一种文化，于是都有他/它自己的"普世受众"。但是，一旦论辩者表明：他是在向一个"普世的"而非"特定的"受众提出自己的论辩，就意味着论辩者针对受众提出的道理、论据、证据和论证本身不仅对眼前具体、特定的受众成员，而且对过去、现在、将来任何地方的所有有理性的、通达事理的人都是站得住脚的。真实的受众如果对这些论据所包含的事实性、真实性不持异议，承认他们的普世性，从而在事实上认同于论辩者构筑并投射出的那一个"普世受众"，他们也就等于接受了论辩者提出的观点。少数受众成员如果对论据的真实性或客观性不予认可，这些人就等于"自外于"由富有理性的人构成的这个"普世群体"的受众成员。论辩者"总可以祭出'取消桀骜不驯者的对话资格'（disqualifying the recalcitrant）这一策略，将他打入愚昧或反常的那一类"。这意味着"普世受众"这一虚构出来的东西如果应用得当，可以用于逼迫真正的"受众"接受所涉论点。

　　总而言之，帕尔曼关于论辩者/受众关系的论述可以归纳为：一方面，"受众"在论辩活动中拥有决定权，相对而言，处于"权势地位"。因此，论辩者应努力顺应（adapt）"受众"，然而，"顺应受众"只是一种"手段"（means），并不是目的（end）。在某些方面"顺应"，是为了在其他方面获得"受众"的"认可"（recognition）、"信奉"（adherence）；另一方面，他又指出在论辩话语中，"受众"究其本质不过是论辩者的一种"构筑"（construction）。根据掌握的与"受众"相关的心理、社会信息，出于对语境、目的等多种因素的综合考虑，论辩者"虚构"了"受众"，以这种"虚拟受众"为手段，对真正的受众成员施加压力，迫使他们"就范"①。

---

①　刘亚猛：《西方修辞学史》，外语教学与研究出版社 2008 年版，第 327 页。

2. 论辩的"出发点"

帕尔曼认为论辩①的本质是将"受众【对被用作前提的那些命题】的信奉（adherence）由前提转移到结论上去"。为了使自己的论辩话语能够有效地影响"受众"，论辩者"只能选择那些已被受众接受的见解（theses）"，作为自己论辩的"出发点"（points of departure），也就是论据或前提（premises）。帕尔曼将可以被用作"论辩出发点"的"论据"分为两大类："真实类"（the real）和"偏好类"（the preferable）。第一大类指的是"普世受众"（universal audience）认可和接受为"真实"的各类见解，可以进一步细分为"事实"（facts）、"真理"（truths）和"认定"（presumptions）三类；第二类指的是"特定受众"（particular audience）所偏好、喜爱或信服的各类见解，可以进一步细分为"价值"（values）、"价值阶"（value hierarchies）和"偏好域"（loci of the preferable）三类，如图1所示。

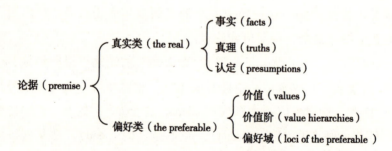

图1　论辩的"出发点"——论据

"真实类"中的"事实""真理"②指的是获得"普世受众"，即

世上所有有理性的人，认可的论据，其"真实性"在论辩中无须进一步"证当"。例如，"北京是中国的首都"这一论据就可以被用作"事实"当作论辩的"出发点"，用于具体的论辩实践之中。"真理"一般涉及相互关联的"事实"，是一个更加复杂的系统，如科学理论、哲学、宗教学说等①。一旦我们允许将"事实"或"真理"付诸讨论，其"普世性"受到质疑，他们的"事实"或"真理"地位就不复存在了。也就是说，关于"事实"或"真理"的表述作为论辩的"结论"（conclusion），而不是"出发点"之时，这些表述的"事实性"不受质疑的特权就丧失了。这从另一个侧面肯定了，论辩结论的"偶然性"和"不确定性"。

所谓"认定"指的是人们相信"在正常情况下会发生什么事或出现什么状况"。除非有证据证明相反的事情发生了，"认定"就可以作为推理的基础②。与"事实""真理"相比，"认定"在论辩的某一阶段可以被"证当"或"证伪"，即受众对"认定"的信奉可以通过"论辩"来加强或者削弱。例如，"一个人的行为能反映他的性格"这一"认定"虽然也获得"受众"的普遍认可，但是由于"认定"允许例外情况发生，因此，"受众"期望在论辩过程中能通过实例"确认"这一"认定"。跟"事实""真理"相比，"认定"的"确定性"有所弱化。

"偏好类"的中心范畴"价值"③ 只有"人们相互比较两个事物"时才产生，并诉诸"特定受众"。虽然帕尔曼将所有的价值观念都归入"非普世"的、主观的"偏好类"，但他并不否认"价值"在论辩中的重要作用。即便是在那些所谓的"科学论辩"中，论辩者也不得不诉诸价值，如在论证核武器与基因研究的必要性时，科学家也求助于"人类生命"这一价值。那种认为在当今这个科学时代人们只能用经得起确证的"事实"论证的观点与真实情况并不相符。乍一

---

① Perelman Chaim and L. Olbrechts-Tyteca, *The New Rhetoric: A Treatise on Argumentation*, Notre Dame: University of Notre Dame Press, 1969, p. 69.

② Ibid. , p. 71.

③ 哲学家所理解的"价值"指的是"对现实的态度"。

看，"价值"具有"普世性"，但"当人们试图将这些价值应用于某
个情景，或某个具体行动，从而使其含义明确化，针对它们的异议和
反对意见跟着就出现了"①。例如，每个人都追求"美"，同时，每个
人却对"美"都有自己不同的理解，赋予"美"不同的内涵和外延，
就像艺术爱好者与投资者对"美"有不同的评判标准一样。也就是
说，人们对"普世价值""抽象价值"的普遍接受是以表达这些价值
的概念保持其语义上的不明确性为条件的。帕尔曼的论述揭示了西方
论辩实践中的一个常见手法：通过抽象价值概念在具体语境中的应
用，论辩者宣认的价值共识范围（或共识框架）往往倾向于比其实
际"大出一号"，甚至更多。当论辩者诉诸价值时，论辩的成败得失
往往取决于"受众"是否把上述暗中置换的共识范围当成一个无争
议的事实加以接受②。

对论辩而言，"价值阶"比"价值"更重要，指的是按照价值对
受众的重要性，对其进行排列，如人类比动物优越、神比人优越等。
一般情况下，"价值阶"无须"证当"，除非受到质疑。"受众"不仅
对"价值"的信奉程度不同，而且他们也认可划分"价值"等级的
原则。因此，论辩者应意识到"受众"对"价值"的信奉并非一成
不变。例如，有时"和平"占统治地位，有时"发展"占主要地位。
认识到这一点，论辩者就可以尽力让最适合自己论辩目的的"价值
阶"占支配地位③。

"偏好域"是"价值"和"价值阶"的基础。帕尔曼将"偏好域"
总分为"数量"（loci of quantity）和"质量"（loci of quality）两大类。

---

① Eemenren Frans H. van, Rob Grootendorst, et al. *Fundamentals of Argumentation Theory: A Handbook of Historical Backgrounds and Contemporary Developments*, Mahwah: Lawrence Erlbaum Associates, 1996: 103. 转引自刘亚猛《西方修辞学史》，外语教学与研究出版社 2008 年版，第 334 页。

② 刘亚猛：《追求象征的力量——关于西方修辞思想的思考》，生活·读书·新知三联书店年 2004 年版，第 71—72 页；刘亚猛：《西方修辞学史》，外语教学与研究出版社2008 年版，第 334 页。

③ Perelman Chaim and L. Olbrechts-Tyteca, *The New Rhetoric: A Treatise on Argumentation*, Notre Dame: University of Notre Dame Press, 1969, pp. 80 – 83.

"数量偏好域"把"数量"作为判断事物好坏的标准，如"多数优于少数""整体大于部分"等；当"数量偏好域"在论辩中受到质疑时，我们可以诉诸"质量偏好域"，强调事物的独特性、不可修复性等。①

"事实""真理""认定""价值""价值阶""偏好域"都可用作论辩的"出发点"。在真实的论辩实践中，论辩者或者明确表明这些"论据"，或者将其隐含于话语中，或者只用其中一种论据，或者同时将上述几种论据作为论辩的"出发点"。不管怎样，论辩者都必须确认作为论辩"出发点"的各种论据首先获得"受众"的认可。唯有这样，才能保证论辩的有效进行。

3. 论辩技巧

那么论辩者如何将"受众"对前提的信奉转移到他们尚未接受的结论上去？帕尔曼将促成这一"信奉转移"的手段称为"论辩技巧"（the argumentation techniques）。他将这些技巧分为"结合"（association）和"离解"（dissociation）两大类。"结合技巧"能把原来独立的各部分"黏合"起来，连为一体，可以进一步细分为"类逻辑论辩"（quasi-logical argumentation）、"基于现实结构的论辩"（argumentation based on the structure of reality）和"建立现实结构的论辩"（argumentation establishing the structure of reality）；"离解技巧"恰恰相反，把原来紧密相连的整体划分为互不相关的独立成分。如图 2 所示，"类逻辑论辩"② 在"形式"上与"形式逻辑"相似③。它对"受众"而言所形成的说服力也主要来源于这一相似性。这一技巧进一步分为：基于逻辑关系（a logical relation）的技巧和基于数理关系

①　Perelman Chaim and L. Olbrechts-Tyteca, *The New Rhetoric*: *A Treatise on Argumentation*, Notre Dame: University of Notre Dame Press, 1969, pp. 85 – 95.

②　参见 Dearin Ray D., "Perelman's 'Quasi-Logical Argument': A Critical Elaboration", J. Robert Cox and Charles Arthur Willard eds., *Advances in Argumentation Theory*, Carbondale: Southern Illinois Press, 1982, pp. 78 – 94。

③　"类逻辑论辩"与"形式逻辑"只是具有相似的推理"形式"，其他方面差异很大。如，前者旨在具体的语境内赢得"受众"对所辩观点的信奉，而后者与"受众"的信奉无关、语境等因素无关，只是通过运用数学符号系统获得"确证"。

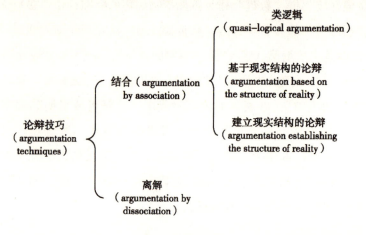

图 2　论辩技巧

（a mathematical relation）的论辩技巧。前者主要包含矛盾（incompatibility）、完全或部分同一（perfect or partial identities）、公平（the rule of justice）、互惠（the rule of reciprocity）等规则；后者主要包括整体与部分、比较、概率等规则①。也就是说，由于"受众"认可某些逻辑关系，因此，论辩者在论辩中构筑"类似"的逻辑关系，进而可以获得"受众"对所涉论点的信奉。

　　"基于现实结构的论辩"技巧是将"受众"在现实生活中已接受的现实结构与论辩结论的"结构"相结合，从而将"受众"对现实结构的信奉转移到论点上去。它主要包括"序列关系结合"（associations of sequence）和"共存关系结合"（associations of coexistence）。前者包括原因和结果结合、手段和目的结合等，如："由于每个人都有发言权，现场一片混乱"这一论点，如果论辩者成功地使受众相信自己的前提和结论存在着"因果关系"，从而将二者紧密结合起来，他就通过对"现实结构"的征用实现了"受众"的"信奉转移"。后者包括人与行为的结合（relationship between person and act）、部分与整体的结合（relationship between a person and a group）、本质与表象的

①　Perelman Chaim and L. Olbrechts-Tyteca, *The New Rhetoric: A Treatise on Argumentation*, Notre Dame: University of Notre Dame Press, 1969, pp. 195 – 260.

结合（relationship between the essential and the manifestations）等。"诉诸权威的论辩"（argument from authority）就是"共存关系结合"的一个典型例子。由于"受众"对自己认可的"权威"持有的观点深信不疑，所以，如果论辩者能使"受众"对"权威观点"的信奉转移到自己辩解的论点上去，他就成功完成了自己的论辩任务。如"我跟罗素一样都认为，X 是有利的。"由于"受众"视罗素为权威①，认同他所提出的观点，因此，他们也应该认可论辩者提出的观点②。

　　所谓"建立现实结构的论辩"指的是引进一个"受众"深信不疑的范例（example）、例证（illustration）、模型（model）、类比（analogy）等，并使他们相信正被讨论的问题与所提到的范例、类比等具有同构性。这样一来，他就在自己的前提与结论之间建立起一种受众不能不信的"现实结构"，并借以将"受众"的信奉从前提转移到结论③。

　　"范例"可以帮助论辩者达到两种论辩效果：一是综合各种"例子"，得出其中的规律性，即从特殊到一般；二是得出其他"例子"的相关结论，即从特殊到特殊。如论辩者用"教授 A 经常忘记钥匙；教授 B 经常拿错公文包；教授 C 需要笔的时候，却从来找不到……"这些论据试图证明"教授经常心不在焉"这一论点。他其实是利用"受众"对这些"范例"的信奉与"结论"之间建立起与"现实结构"相符的联结，将"受众"对范例的信奉转移到结论上去。当然，任何规律都有例外，如针对"吸烟有害健康"这一结论，我们可能提出"A 吸烟，而他的寿命在他兄弟姐妹（他们都不吸烟）中却最长"。这一"反例"会削弱结论的适用范围，却并不能使其彻底"无效"。考虑到新出现的情况，我们可能会提出"在其他各方面都相同的情况下，吸烟有害健康"或者"尽管吸烟不会对每个人的身体都

---

　　①　"权威"是一极其复杂的概念，参见刘亚猛《追求象征的力量——关于西方修辞思想的思考》，生活·读书·新知三联书店 2004 年版，第 160—207 页。

　　②　Perelman Chaim and L. Olbrechts-Tyteca, *The New Rhetoric: A Treatise on Argumentation*, Notre Dame: University of Notre Dame Press, 1969, pp. 261 – 349.

　　③　刘亚猛：《西方修辞学史》，外语教学与研究出版社 2008 年版，第 335 页。

产生负面影响，但可能会更容易生病"等论点。"例证"旨在加强
"受众"对"结论"已有的信念。假设"受众"已接受"吸烟有害健
康"这一论点，论辩者还可以通过生动地讲述一个吸烟者死于肺癌的
故事，来增强"受众"对这一论点的信奉程度。帕尔曼指出论辩中
"范例"与"例证"的关系难解难分。在"规则""规律"需要"证
当"时，称为"范例"；而一旦"受众"接受了"规则"，只需要加
强时，便被称为"例证"①。然而，论辩以促成某一行为或行动作为
自己的最终目的，因此，论辩者还需要"模型"，以激发"受众"模
仿的欲望。这个模型可以是历史人物、当代人物或者也可以是"完
美、正义"的化身等，如耶稣②。由此，我们可以得出论辩的另一本
质特征：论辩的结论并不是终极意义上的"真理"，只是论辩双方达
成的"共识"（agreement）而已。

　　"类比"旨在将"正在讨论的结构"（the theme）与属于不同领
域的"原先已有的结构"（the phoros）等同起来。"原先已有结构"
之间存在的关系已获得"受众"的认可，论辩者需要利用这一"认
可"赢得"受众"对"正在讨论的结构"之间存在的关系的"信
奉"。"类比"可以用公式"正如 A∶B，因此，C∶D"表示。这一
技巧最典型的代表是"隐喻"（metaphor），尤其是论辩中对那些"休
眠隐喻"③（dormant metaphors）的诉求④。

　　除了"结合"技巧以外，论辩中我们也需要运用"离解"技巧，
即把原来紧密相连的整体划分为互不相关的独立成分。如把"生命"

---

① Perelman Chaim, *The Realm of Rhetoric*, Notre Dame：University of Notre Dame Press,
1982, p. 108.

② Perelman Chaim and L. Olbrechts-Tyteca, *The New Rhetoric：A Treatise on Argumentation*,
Notre Dame：University of Notre Dame Press, 1969, pp. 350 - 357.

③ "休眠隐喻"指的是在生活中经常运用，以至于人们意识不到它们的"隐喻性"，
如山脚、桌腿等。具体参见 Perelman Chaim and L. Olbrechts-Tyteca, *The New Rhetoric：A Trea-
tise on Argumentation*, Notre Dame：University of Notre Dame Press, 1969, p. 405。

④ 同上书，第350—410页。

（life）"分解"为一般意义上的"生命"与"人命"①，使我们不仅承认"杀人是错误的"，而且同时认可流产。由于我们见到的"表象"（appearance）并不总是与现实（reality）相符，因此，有必要将其从"现实"中分离开来，分别用"术语Ⅰ"（term Ⅰ）和"术语Ⅱ"（term Ⅱ）表示。在上述事例中，一般意义上的"生命"为"术语Ⅰ"从"术语Ⅱ"，即"人命"中分离出来。也就是说，"现实"旨在"除去'表象'各个方面中的不一致性，将'有价值的成分'与'没有价值的成分'区分开来"②。

在论辩实践中，论辩者同时运用多种论辩技巧，使他们之间相互融合。用帕尔曼的话说，"结合"与"离解"相互蕴含、相互补充。同时，哪种技巧"前景化"，哪种技巧"背景化"取决于论辩者对"受众"与论辩环境的判断，也是一种技巧，对论辩效果也起着至关重要的作用。

帕尔曼的论辩理论体系将"受众"作为论辩者开展论辩的基础，强调论辩者与受众的心智接触和交流（contact of minds），对论辩者/受众这一基本关系进行了详尽的论述，得出：论辩者不仅顺应"受众"，而且通过"虚构受众"，确定自己的论辩方法和策略，向真正的受众"施压"。由于论辩旨在影响受众的态度，根本任务就是"将'受众'对某些作为前提的事物的信奉转移到结论上去"，因此，论辩的前提或者"出发点"必须是已经获得"受众"认可的那些论据，用"确定性"来证明"不确定"的事物，这一点对论辩的成功至关重要。因此，帕尔曼详细论述了可资利用的论辩"出发点"，即"真实类"与"偏好类"论据。然而，如何将"受众"对前提的信奉转移到结论上去，也就是说，用什么手段实现"信奉转移"——是帕尔曼论辩理论探讨的另一个重大问题。帕尔曼将其分为"结合技巧"

---

① 一般意义上的"生命"（life in general）指的是所有生物体的成长，从变形虫、植物到人体的一些附属物，如阑尾等；而"人命"（human life）指的是具有某些人类特征的生命形式，如自由意志等。

② Perelman Chaim, *The Realm of Rhetoric*, Notre Dame：University of Notre Dame Press, 1982, p. 127.

和"离解技巧"。在帕尔曼看来，对这些技巧的应用必须将"受众"这个因素纳入考虑。

第三节   斯蒂芬·图尔敏论辩模式

一   图尔敏生平和主要著作概述①

1922 年生于伦敦的英美哲学家、教育家斯蒂芬·图尔敏（Stephen Toulmin），是当代论辩理论的创始人（a founding father of argumentation theory）②。他的学说对第二次世界大战后兴起的论辩研究影响重大③。

图尔敏于 1942 年获得剑桥大学国王学院的数学和物理学学士学位。1948 年，他获得剑桥大学伦理学博士学位。在此期间，他深受英国—奥地利哲学家路德维格·维特根斯坦（Ludwig Wittgenstein）后期哲学思想的影响，并试图阐释"人们在科学与道德这两个领域推理方式有何不同"，这一问题也是他博士论文的研究课题。

图尔敏的学术研究生涯始于 1949 年。1954 年以前，他一直在牛津大学哲学系任教。1950 年，基于他的博士论文，图尔敏出版了第一本著作《伦理学中理性作用的探索》（An Examination of the Place of

---

① 本小节的论述主要参考 Fossil Sonja K., Karen A. Foss, and Robert Trapp, *Contemporary Perspectives on Rhetoric*, Illinois: Waveland Press, 1985, pp. 77 – 80. Eemenren Frans H. van, Rob Grootendorst, et al., *Handbook of Argumentation Theory: A Critical Survey of Classical Backgrounds and Modern Studies*, Dordrecht: Foris Publications, 1987, pp. 162 – 169. Eemenren Frans H. van, Rob Grootendorst, et al., *Fundamentals of Argumentation Theory: A Handbook of Historical Backgrounds and Contemporary Developments*, Mahwah: Lawrence Erlbaum Associates, 1996, pp. 129 – 135. Hitchcock David, "Obituary: Stephen Edelston Toulmin", *Argumentation*, Vol. 24, No. 3, May 2010, pp. 399 – 401。

② O'Grady Jane, Stephen Toulmin obituary, *Guardian*, (http://www.guardian.co.uk/theguardian/2010/jan/10/stephen-toulmin-obituary).

③ Hitchcock David, "Obituary: Stephen Edelston Toulmin", *Argumentation*, Vol. 24, No. 3, May 2010, p. 399.

Reason in Ethics）。他认为哲学家不应孤立地分析伦理学术语，而应在具体语境中研究伦理判断如何发挥作用。他的这一提议引起了哲学界的关注。1953 年，他出版了《科学哲学导论》（*The Philosophy of Science：An Introduction*）一书。

1954—1955 年，图尔敏担任墨尔本大学科学历史与哲学系客座教授。1955—1959 年，他担任利兹大学哲学系主任、教授。在 1958 年，图尔敏出版了《论辩的运用》（*The Uses of Argument*）一书。在该著作中，他批判了"形式逻辑"，认为它过于抽象，过分强调"普世性""确定性"和"绝对真理"等，而不足以解释人类在现实生活中如何进行论辩、推理等活动。这一观点对以后修辞学、交流研究、论辩学等学科的发展影响深远。然而由于当时"形式逻辑"在英国学术界仍然占统治地位，其基本观念根深蒂固，不容动摇，所以，这本书在当时并不受欢迎，甚至被他的同事讥讽为"图尔敏的反逻辑书"（Toulmin's *anti*-logic book）。

1959 年，图尔敏到美国纽约大学、斯坦福大学、哥伦比亚大学等著名学府做访问学者。几乎与此同时，他作品也被韦恩·布洛克里德（Wayne Brockriede）和道格拉斯·恩宁格尔（Douglas Ehninger）引进到美国，极受言语交际学家、论辩学家、修辞学家们的欢迎。

1960 年，图尔敏返回伦敦，并担任纽菲尔德基金会（the Nuffield Foundation）思想史小组的负责人。出于对思想史，尤其是对科学思想史方面的浓厚兴趣，他与妻子——科学家朱恩·古德菲尔德（June Goodfield）合作出版了与这一方面相关的系列著作。如 1961 年，出版了《天空的构造》（*The Fabric of the Heavens*）；1962 年，出版了《物质的体系结构》（*The Architecture of Matter*）；1965 年，出版了《时间的发现》（*The Discovery of Time*）。

1965 年，图尔敏移居到美国，并先后在布兰德斯大学（1965—1969）、密歇根州州立大学（1969—1972）、加州大学圣克鲁斯分校（1972—1973）、芝加哥大学（1973—1986）、西北大学担任教授。

1972 年，图尔敏出版了《人类认知：概念的集体使用与演变》

（*Human Understanding：The Collective Use and Evolution of Concepts*）一书，此书几乎与 1958 年出版的《论辩的运用》齐名。他提出用"进化模式"（evolutionary model）来解释人类认知变化的方式，旨在以这一模式代替托马斯·库恩（Thomas Kuhn）提出的"革命模式"（revolutionary model）。

1973 年，图尔敏与历史学家艾伦·雅尼克（Alan Janik）合著出版了《维特根斯坦的维也纳》（*Wittgenstein's Vienna*）。该著作强调历史对人类推理的重要性。与"形式逻辑"哲学家们相信"绝对真理"的存在不同，图尔敏认为"真理"取决于历史环境与文化因素，只是一个相对概念。

1988 年，图尔敏与生命伦理学家艾伯特·庄信（Albert Jonsen）合著出版了《决疑法的滥用：道德推理史》（*The Abuse of Casuistry*①：*A History of Moral Reasoning*）。该著作重新恢复了"决疑法"的名誉，也让图尔敏成为美德伦理学的先驱。

1990 年，图尔敏出版了《都市化：现代性的隐密议程》（*Cosmopolis：the Hidden Agenda of Modernity*）。在书中，他批判了"现代性"过分依赖 17 世纪以来发展起来的"形式逻辑"，过度强调"确定性"与"科学"，而忽视了 16 世纪以莎士比亚（William Shakespeare）和米歇尔·德·蒙田（Michel de Montaigne）为代表的人文主义（humanism）传统，并提出"人文主义转向"（a return to humanism）以纠正始于笛卡尔和莱布尼茨时期所形成的对"现代性"的扭曲理解。

1997 年，全美人文基金会（the National Endowment for the Humanities，NEH）邀请图尔敏做第 26 届"杰弗逊讲座"（the Jefferson Lecture），这个一年一度的讲座代表了美国联邦政府对人文学科有杰出贡

---

① Casuistry 源于拉丁语"个案"（casus）一词，原指在处理个人特殊案件时，应兼顾个人的特殊情境而定案。在图尔敏的著作中，指的是一种"超伦理学"（meta-ethics），以个案为基础的推理模式，与哲辩术（sophistry）有相通之处，介于绝对论与相对论之间的中间立场。

献的学者的最高礼遇。他的题为"反对者的故事/生活"（*A Dissenter's Story/ A Dissenter's Life*）的讲座讨论了理性主义者与人文主义者对"现代性"（modernity）的不同理解，探讨了"合理"与"理性"的区别，提醒我们警惕教条主义（dogmatism）、沙文主义（chauvinism）和宗派主义（sectarianism）。

2001 年，出版了《理性回归》（*Return to Reason*）。在书中，他继续批判现代主义哲学传统，探讨了"普世主义"在社会领域引起的那些弊端，并阐述了主流伦理理论与现实生活中伦理两难之间的矛盾。

正如斯坦福大学学习科学与教育专业教授罗伊·皮（Roy Pea）所说，图尔敏最主要的贡献在于把哲学的关注点从对推理与逻辑的抽象转移到研究人类的真情实况上来，并提醒我们在研究伦理学、科学、逻辑学等方面的问题时，应首先关注这些问题发生时的情形[1]。

二　图尔敏的宏观论辩理论

1. 分析性论辩（analytic argument）与实质性论辩（substantial argument）

形式逻辑学家认为，论辩是否"有效"（valid）与论辩"内容"（content）无关，只涉及"形式"（form），因此，"有效性"等同于"形式有效性"[2]（formal validity）。在论辩评价中，存在着适用于任何情景的普世标准、原则、原理等[3]。然而，图尔敏并不同意这一观点。

---

① Grimes William, Stephen Toulmin, a Philosopher and Educator, Dies at 87, *New York Times*, (http://www. nytimes. com/2009/12/11/education/11toulmin. html).

② 图尔敏认为 validity、rationality、acceptability、soundness 等概念可以通用。因此，本小节中"有效性""理性""可接受性""合理性"也可以通用。

③ 图尔敏将这一观点称为"准几何学的理性概念"（the quasi-geometrical concept of rationality）。在《认知与行为》（*Knowing and Acting*）一书中，他详细论述了研究"理性或有效性"的三种方法，即"几何学的"（geometrical）、"人类学的"（anthropological）和"批判性的"（critical）。具体请参见 Eemenren Frans H. van, Rob Grootendorst, et al., *Fundamentals of Argumentation Theory*: *A Handbook of Historical Backgrounds and Contemporary Developments*, Mahwah: Lawrence Erlbaum Associates, 1996, pp. 22 - 24.

他认为"形式有效性"既不是"合理论辩"（sound argumentation）的必要条件，也不是其充分条件；评价标准的确定必须基于正在被讨论问题的本质（nature）与类型（kind）①。所谓的"普世原则"并不一定与人类具体的现实生活相关。例如：

> 如果我去邻居家借一个银碗盛汤，不用说，用完之后应立即归还。然而，如果借的是手枪，在我借来之后，邻居与另一位邻居发生口角，而且威胁道："手枪归还以后，会用手枪杀掉这个人。"这样一来，如果我还坚持"借的东西用完之后应立即归还"这一原则，就会面临麻烦。②

因此，图尔敏区分了分析性论辩（analytic argument）与实质性论辩（substantial argument）③。前者的结论已经蕴含在前提之中，是"同义重复"（tautology），诉诸永恒不变的普世原则。后者指的是从"证据"到"结论"的推理过程，将其放置在特定情境之内，关注具体细节。它们分别代表了"形式逻辑"与"日常论辩"所采用的两种推理模式：前者源于柏拉图的形式演绎逻辑，追求与语境无关的普世真理；后者与亚里士多德在《话题》（*Topics*）与《修辞学》（*Rhet-*

---

① 图尔敏将这一观点称为"准几何学的理性概念"（the quasi-geometrical concept of rationality）。在《认知与行为》（*Knowing and Acting*）一书中，他详细论述了研究"理性或有效性"的三种方法，即"几何学的"（geometrical）、"人类学的"（anthropological）和"批判性的"（critical）。具体请参见 Eemenren Frans H. van, Rob Grootendorst, et al., *Fundamentals of Argumentation Theory: A Handbook of Historical Backgrounds and Contemporary Developments*, Mahwah: Lawrence Erlbaum Associates, 1996, 第 133 页。

② Jonsen Albert R. and Stephen Edelston Toulmin, *The Abuse of Casuistry: A History of Moral Reasoning*, Berkeley: University of California Press, 1988, p. 7.

③ 虽然图尔敏用的是 argument, 但是我们认为 argumentation 比较合适。因此，将其翻译为"论辩"而不是"论据"。Toulmin Stephen Edelston, *Uses of Argument*. Cambridge: Cambridge University Press, 2003, pp. 114 – 118. 在《决疑论的滥用》一书中，庄信与图尔明又将其称为理论论辩与实际论辩（theoretical and practical arguments），具体请参见 Jonsen Albert R. and Stephen Edelston Toulmin, *The Abuse of Casuistry: A History of Moral Reasoning*, Berkeley: University of California Press, 1988, p. 2.

oric）中提出的观点更为相似，认为"理性"不取决于演绎形式，而是依赖于内容（substance），追求与语境相关的或然性（probability）①。

图尔敏认为，17 世纪中叶至 20 世纪中叶这三百年来，西方哲学家们认为，尤其是在科学领域，存在着一系列预先存在的、永恒不变的标准区分"正确"（correct）与"不正确"（incorrect）的论辩。图尔敏反对这一现代论辩观点，转而研究实质性论辩，强调"证当"认定的作用②。

2. 域独立（field-invariance）与域依赖（field-dependence）

形式逻辑认为论辩不管发生在哪一领域都是一样的。图尔敏并不认同这一观点。他认为论辩中的某些成分是因域而异的，某些成分又是固定不变的。因此，哪些成分依赖于域（field-independent），哪些成分独立于域（field-invariant）是图尔敏宏观论辩理论讨论的另一个问题。例如，当我们试图证明"毕加索是一个伟大的艺术家""自由比生命更重要"或者"达尔文进化论很好地解释了地球上为什么有人类生命的存在"这些结论时，哪些方面是相似的，哪些又是不同的？

当我们从便餐馆的柜台到行政主管的会议桌，从科学实验室到法庭，讨论的场所发生了巨大的变化。参与者对推理结果的期待与对论辩结论的判断与评价会因情景不同而完全不同③。

论辩因域而异体现在很多方面。有时论辩会因不同领域对"正式程度"（formality）的要求而异，有时会因"精确性"（precision）而

---

① 图尔敏并不赞成我们应该彻底抛弃形式逻辑，只是认为它的适用范围比哲学家所宣称的要小得多。

② 即便是在科学领域，证当也在论辩中发挥着重要作用。"'发现'可能是科学家职业生涯的一个方面，而提出'可以接受'的支撑论据证当他的发现——是他们工作的另一方面，与前者相互补充。"具体请参阅 Toulmin Stephen Edelston, *Human Understanding*, Princeton：Princeton University Press, 1972, p. 313。

③ Toulmin Stephen Edelston, Richard Rieke and Allan Janik, *An Introduction to Reasoning*, New York：Macmillan, 1979, p. 8.

异，有时会因"解决方式"（the modes of resolution）而异；等等。

图尔敏认为，论辩中不因域而异的主要方面就是所有的论辩都可以用他提出的论辩模式予以分析①。论辩的程序化模式是域独立的。这一模式基于"运动"推理，也就是说，论辩是通过"理据"从公认的"证据"移动到"认定"的②。论辩与旅行相似，试图从"某个地方"到"另外一个地方"。

此外，在论辩中经常出现的"语气词"，如"可能"（possible）、"大概"（probable）、"不可能"（impossible）、"确定"（certainly）、"大概"（presumably）、"根据证据显示的"（as far as the evidence goes）、"必然"（necessarily）可以根据"力度"（force）与"标准"（criteria）这两个方面来划分。"力度"指的是认定的强度（strength）或者势力（power）。如"确定"比"大概"（probable）、"可能"（possible）的力度要强。"标准"指的是在证当认定的过程中运用的准则。如判断艺术的标准与判定某种科学理论或者总统演讲的尺度必不相同。图尔敏认为，一个语气词的力度不因"域"而变化；而标准是随"域"而定的③。不同领域的论据可能有相似的力度，但是评判它们的标准却有很大差异。因此，"力度"是域独立的，而"标准"是域依赖的。

三　图尔敏的微观论辩理论——论辩模式（The Toulmin Model of Argumentation）④

图尔敏的论辩模式包含六个相互关联的构成成分："认定"

---

① Toulmin Stephen Edelston, *Uses of Argument*, Cambridge：Cambridge University Press, 2003, p. 175.

② Ehninger, D. and W. Brockriede, *Decision by Debate*, New York：Dodd, Mead, 1963, p. 544. 原文如下：an argument is *movement* from accepted *data*, through a *warrant*, to a *claim*。

③ Toulmin Stephen Edelston, *Uses of Argument*, Cambridge：Cambridge University Press, 2003, p. 36.

④ 这一小节主要参照 Toulmin Stephen Edelston, *Uses of Argument*, Cambridge：Cambridge University Press, 2003, pp. 87 - 134. Eemenren Frans H. van, Rob Grootendorst, et al., *Fundamentals of Argumentation Theory：A Handbook of Historical Backgrounds and Contemporary Developments*, Mahwah：Lawrence Erlbaum Associates, 1996, pp. 139 - 149。

（claim）、"证据"（data/grounds）、"根据"（warrant）、"理据"（backing）、"限定词"（qualifier）和"例外"（rebuttal）。

"认定"（C）指的是论辩者提出的观点（standpoint）、断言（assertion）、偏好（preference）、意见（opinion）、看法（judgment）等。它是对"我们要去哪里"的回答，是我们旅途的目的地。需要"受众"的认可。若有人对这一"认定"提出异议，要求论辩者予以"证当"，论辩者有义务承担"证当"责任。"证据"（D）指的是构筑"认定"所需的那些事实、信息等，是"我们依据什么为受到质疑的'认定'进行辩护？"这一问题的答案，是帮助我们到达目的地的"交通工具"。然而，通常情况下，质疑者并不会立即承认这些"证据"证当"认定"的有效性。因此，论辩者应首先努力消除这一分歧，使"受众"授权论辩者征用这些"证据"。"根据"（W）是连接"证据"与"认定"的桥梁，来回答"我们如何证当从证据到认定这一步的合法性？或者是从出发点到目的地，我们应走哪条线路"①。它一般采用假设形式（hypothetical form），即如果 D，那么 C。上述三个基本成分就可以构成简单的图尔敏论辩模式（Toulmin's simple model），如图 3 所示②。

图 3　简单的图尔敏论辩模式

我们采用图尔敏的例子来阐释这一模式，如图 4 所示。

认定（C）　　Harry 是英国公民
证据（D）　　Harry 生于百慕大
根据（W）　　在百慕大出生的人是英国公民

---

① Toulmin Stephen Edelston, Richard Rieke and Allan Janik, *An Introduction to Reasoning*, New York: Macmillan, 1979, p. 26.

② Toulmin Stephen Edelston, *Uses of Argument*, Cambridge: Cambridge University Press, 2003, pp. 89 – 93.

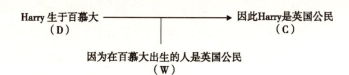

图 4　简单的图尔敏论辩模式例图

然而，在实际论辩中，授权"证据"可以推导出"认定"的"根据"可能自身也需要"证当"，也就是说，当"根据"的权威受到质疑时，我们需要"理据"（B）进一步支撑"根据"①。而且，有些特殊情况下，"根据"这一原则并不适用，因此，我们还需要"例外"（R）进一步限定我们的"根据"。它回答的是"在什么情况下，我们决定不去旅行了？"此外，"根据"授予所需证当的"认定"的力度（degree of force）也不一样。有些"根据"毫无疑义地授权我们接受某个"认定"，即可以用"必然"（necessarily）、"确定"（certainly）这些副词来修饰我们的"认定"；有些"根据"却要么只是临时授权我们从"证据"到"认定"这一步的合法性，要么以接受某些条件、例外或限制为前提条件。这样一来，"认定"就需要"可能"（possible）、"大概"（probable / presumably）等"限定词"（Q）②。这一论辩成分显示借助于"根据"，从"证据"到"认定"这一步骤的合法程度，回答的是"对于到达目的地，我们有多大信心？"这一问题。这六个相互联系的构成成分构成了扩展的图尔敏论辩模式（Toulmin's extended model），如图 5 所示：

我们用图尔敏的例子来阐释这一扩展模式，如图 6 所示。

认定（C）　　Harry 是英国公民。

证据（D）　　Harry 生于百慕大。

根据（W）　　在百慕大出生的人是英国公民。

---

① 有学者认为，在真正的交际情景中，从"理据"到"根据"这一步骤本身也需要"证当"。具体请参见 Goodnight G. Thomas, "Legitimation inferences：An Additional Component for the Toulmin Model", *Informal Logic*, Vol. 15, No. 1, 1993, pp. 41 – 52.

② Toulmin Stephen Edelston, *Uses of Argument*, Cambridge：Cambridge University Press, 2003, p. 93.

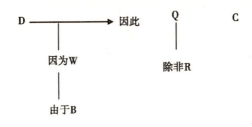

图5 扩展的图尔敏论辩模式

理据（B）   根据《英国国籍法案》的相关规定，可以得出"根据"。

例外（R）   如果他父母是外国人，或者他已加入美国国籍，"根据"这一规则就不奏效了。

限定词（Q）大概。

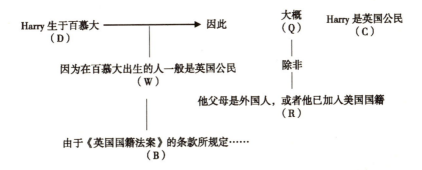

图6 扩展的图尔敏论辩模式例图

综上所述，图尔敏论辩模式可以看作是对要求辩者证当"认定"时提出的一系列问题的回应。如论辩者提出"认定"，反对者若质疑这一主张，会提出"怎么得到这一结论？"，于是需要"证据"来证当"认定"；接着会提出"如何从'证据'到'结论'？"，这就需要"根据"来保证这一步骤的合法性；"证据"虽可使我们得出结论，或者提出"认定"，然而"认定"在多大程度上能保持其有效性？这就需要用"语气限定词"进一步限制"认定"的适用范围，如"必须""也许""大概""可能"等；如果出现了特殊情况，"根据"的权威性就会受到挑战。因此，在证当过程中还应考虑到"例外"；若是辩者进一步质疑"根据"？我们就需要"理据"（backing）来支撑它。因此，这一论辩模式具有动态（dynamic）、辩证（dialectic）的本质特征，与亚里士多德三段论（syllogism）、形式逻辑的静态（static）、独白式（monological）的推理模式形成鲜明的对照。

尽管图尔敏的论辩模式最初并不受哲学家们的欢迎①，但是它却受到修辞学者与言语交流学者们的认同。20 世纪六七十年代之后的美国，绝大多数教科书都将图尔敏的论述作为一个主要的理论模式加以推介②。

由以上讨论可以看出，20 世纪中叶以后，欧洲学术界开始意识到在以笛卡尔和洛克为代表的现代主义思潮所推崇的"科学"与"理性"基础上发展起来的现代主义逻辑体系③不足以揭示人类如何在真实的社会文化条件下从事思维、推理、证明等智力活动。于是，出现了以帕尔曼和图尔敏为代表的"反形式逻辑"潮流。帕尔曼的新修辞观指出能够胜任这一解释工作的理论模式必须基于自然语言，以真实语境为前提，并充分考虑言说者与受众这两个能动因素以及它

---

① 关于当时逻辑学家们对图尔敏论辩模式的反应，具体可参见 Lewis Albert L. , "Stephen Toulmin: A Reappraisal", *Central States Speech Journal*, Vol. 23, No. 1, 1972, pp. 48 – 55。

② 具体请参见 Ehninger, D. and W. Brockriede, *Decision by Debate*, New York: Dodd, Mead, 1963, chapters. 8 – 15. Freeley Austin J. , *Argumentation and Debate: Rational Decision Making*, Belmont: Wadsworth, 1976, pp. 138 – 142. Gulley Halbert E. , *Discussion, Conference and Group Process*, New York: Holt Rinehart and Winston, 1960, pp. 146 – 154. Miller Gerald R. and R. Nilsen Thomas eds. , *Perspectives on Argumentation*, Chicago: Scott, Foresman, 1966. Mills Glen E. , *Reason in Controversy: On General Argumentation*, Boston: Allyn and Bacon, 1968, pp. 110 – 111. Wilson John F. and Carroll C. Arnold, *Public Speaking as a Liberal Art*, Boston: Allyn and Bacon, 1964, pp. 139 – 142. Windes Russell R. and Arthur Hastings, *Argumentation and Advocacy*, New York: Random House, 1965, pp. 157 – 186. Rieke Richard D. and Malcolm O. Sillars, *Argumentation and the Decision-Making Process*, New York: John Wiley, 1975, pp. 16 – 19. Crable Richard E. , *Argumentation as Communication: Reasoning with Receivers*, Columbus: Merrill, 1976。

③ 这一逻辑体系是一个超越时间、地点、历史、社会、文化等因素而自成一体的系统，以一种与真实语言大不相同的"人造语言"为推理媒介，在一个严谨的数学系统的框架内界定"正确的推理法则"。它单纯着眼于推理规则的逻辑体系，完全忽略了论证者和受众之间的"智力接触"这一关键环节，认为只要推理者采用的方法"正确""科学""客观"，所推导出的结论的"正确性"就不容置疑。

们之间的互动。也就是说，这个模式应该是"论辩"，而不是"逻辑"①。同时，图尔敏也试图将推理从几何学的模式中解放出来，突破了传统逻辑中"前提—结论"的束缚，提出动态、辩证的论辩模式，强调论辩理论应关注语境、领域等因素的影响。因此，帕尔曼的新修辞观与图尔敏的论辩模式一定程度上促进了修辞意识与当代"论辩"观念的扩展。论辩研究范式开始从以"逻辑"为中心转换到以"论辩/修辞"为中心②。

第四节　非形式逻辑

无独有偶，随后，在北美也出现了一批自称为"非形式逻辑学家"（informal logicians）的哲学家。他们采用有别于"形式逻辑"的方法研究论辩在自然语言中发生作用的机制。为了与形式逻辑区分开来，称为"非形式逻辑"（informal logic）。

一　"非形式逻辑"的工作定义

"非形式逻辑"的定义至今仍未获得学术界的一致认可③。有的学者将其定位为不借助于符号逻辑或数理逻辑的非形式化逻辑（non-formal argument）研究④，有的认为非形式逻辑就是关于"非形式谬

---

① Perelman Chaim and L. Olbrechts-Tyteca, *The New Rhetoric: A Treatise on Argumentation*, Notre Dame: University of Notre Dame Press, 1969, pp. 13 – 14.

② 然而，由于当时"形式逻辑"与逻辑实证主义的观念在欧洲思想界、哲学界仍然根深蒂固，因此，1958 年，在法国与英国分别出版的《新修辞：关于论辩的探索》和《论辩的运用》这两部著作并未在当时的欧洲学术界引起"共鸣"，反而受到一些哲学家们的严厉批评。相反，这两部著作却在美国的言语交际学、论辩学、修辞学等领域广受好评。

③ 在这篇文章中，Johnson 根据时间顺序罗列了 13 种对"非形式逻辑"的不同理解，将其称为"一个不固定的指示词"（a fluid designator）。参见 Johnson R. H.，"Making Sense of 'Informal Logic'"，*Informal Logic*，Vol. 26，No. 3，2006，pp. 231 – 258。

④ 如 Rescher 将"非形式逻辑"定义为 logic that is neither inductive nor deductive; Copi 将其定义为 logic minus deductive and inductive logic。参见 Rescher N.，*Introduction to Logic*，New York: St. Martin's Press, 1964. Copi Irving M.，*Informal Logic*，New York: Macmillan, 1986.

误"（informal fallacies）、批判性思维（critical thinking）或者"根据"（warrant）的理论①，有的则认为它是一种不同于"形式逻辑"的研究论辩的方法②。在本小节的研究中，我们采用拉尔夫·H. 约翰逊（Ralph H. Johnson）和 J. 安东尼·布莱尔（J. Anthony Blair）1987 年提出的定义作为我们的工作定义（working definition），即

> "非形式逻辑"是逻辑③的一个分支，其主要任务在于为分析、解释、评价、批评以及重构在日常生活中发生的论辩提供"非形式化"的规则、标准、程序等。④

这一定义表明"非形式逻辑"具有以下两个特征：一方面，它致力于阐述如何解释、评价、批评与重构论辩，为这些活动规定相关的程序、规则、标准等，具有"规范性"（normative）这一特征；另一方面，它反对"先验论"，将"实践"（practice）作为构筑理论的"出发点"和"目的地"，主要分析那些在报纸、杂志上刊登的发生在经济、政治等社会领域的真实论辩。这样一来，它与以分析"虚构"（contrived）论辩为主的"形式逻辑"形成鲜明的对照，具有经验性（empirical）与描述性（descriptive）的特征。

---

① 具体请参阅 Kahane Howard and Nancy Cavendar, *Logic and Contemporary Rhetoric*：*The Use of Reasoning in Everyday Life* 8ᵗʰ ed. ，Belmont：Wadsworth，1997；Scriven M. ，"Probative Logic：Review and Preview"，Frans H. van Eemeren, et al. eds. ，*Argumentation*：*Across the Lines of Discipline*，Dordrecht：Foris，1987：7 - 32；Hitchcock David，"The Significance of Informal Logic for Philosophy"，*Informal Logic*，Vol. 20，No. 2，2000，pp. 129 - 138。

② 具体请参阅 Govier T. ，*Problems in Argument Analysis and Evaluation*，Dordrecht：Foris Publications，1987. Walton Douglas N. ，"What is Reasoning? What is an Argument?"，*The Journal of Philosophy*，Vol. 87，No. 8，1990；pp. 399 -419。

③ 这里的"逻辑"指的是广义上的逻辑学，即关于推理规则的研究。

④ Blair J. A. and Ralph H. Johnson，"The Current State of Informal Logic"，*Informal Logic*，Vol. 9，No. 2，1987，p. 148. 其英文如下：Informal logic designates that branch of logic whose task is to develop non-formal standards, criteria, procedures for the analysis, interpretation, evaluation, criticism and construction of argumentation in everyday discourse.

二 非形式逻辑运动在北美的兴起

20世纪中叶以前，北美大学校园有三种不同水平的逻辑学教科书。一是专家级（expert-level）的教科书，针对的主要是以逻辑学、数学为专业的学生，其中包括二阶演算（second order calculi）、集合论（set theory）、递归函数论（recursive function theory）、模型理论（theory of models）等；二是高级（advanced）逻辑教科书，主要针对哲学系高年级的学生，介绍初级符号或数理逻辑，包括语句逻辑（sentential logic）与一阶谓词演算（the first order predicate calculus）等；三是针对大多数本科生的介绍性的（introductory）逻辑教科书，如 Irving Copi 的《逻辑学导论》（*Introduction to Logic*，1953）①。对它们而言，逻辑就等同于符号逻辑或者是数理逻辑。它们专注于构筑"纯抽象"与"纯推理"的思维科学，并不关心在真实的社会历史文化条件下发生的那些论辩。因此，这一逻辑教学对于提高学生在现实生活中的推理、论辩能力几乎没有任何意义。

然而，进入60年代以后，美国大学校园里到处孕育着反叛情绪。许多大学生持有非常激进的政治立场。他们积极参加反种族隔离的民权运动、反战运动、反文化运动、女权运动与性解放运动等社会运动，并通过各种各样的形式表达对美国社会、政治、文化以及教育体制的不满。

具体到逻辑课程设置，他们要求课程应能满足他们作为公民的需要，不仅有助于他们分析日常生活中发生在政治、经济等领域的论辩，而且能指导他们在各种社会运动中构筑有利于自己的论辩、批判对方的谬误（fallacious）论辩，而不是教授那些深奥的（esoteric）、学究式的（scholastic）理论。霍华德·卡哈尼（Howard Kahane）在1971年出版的《逻辑与当代修辞：日常生活中推理的运用》一书的

---

① Eemenren Frans H. van, Rob Grootendorst, et al. , *Fundamentals of Argumentation Theory*: *A Handbook of Historical Backgrounds and Contemporary Developments*, Mahwah: Lawrence Erlbaum Associates, 1996, pp. 166 – 167.

序言中明确表述了这一点：

> 当今的学生要求理论与实践密切结合（a marriage of theory and practice）。这就是许多学生对逻辑学、谬误研究，甚至修辞学的入门课程不感兴趣的原因。
>
> 回想起几年前，我在课堂上兴致勃勃地与学生们一起复习谓词逻辑中那些复杂的量词规则时，一个学生很不屑地问我，整个学期所学的东西与约翰逊总统作出将越南战争全面升级的决定有什么关系？我只能含糊地说："约翰逊是不善于推理的"，然后指出《逻辑学导论》并不研究这类问题。他又问道，那什么课程真正研究这些问题？最后，我不得不承认，据我所知，没有。
>
> 他的要求也就是当今大多数学生所需要的，即与日常推理相关、与他们平时听到、读到的那些关于种族、污染、贫穷、性、核战争、人口爆炸以及二十世纪下半叶人类所面临的其他各种问题的争辩相关的一门课程。①

当时的逻辑学教师们也充分意识到自己所教授的逻辑课程②并不能满足这一需求，他们转而探索一种新的逻辑教学方法——"非形式逻辑"，来帮助学生分析日常推理与论辩。也就是说，非形式逻辑运动首先是一场以满足学生需求为出发点，由逻辑学教师们发起的"教学法改革"（a pedagogical revolution）运动。它以 20 世纪 70 年代出版的三本教科书为先锋。作为非形式逻辑的第一代教科书，他们都关注现实生活中的真实论辩，尽力摆脱对形式逻辑的依赖。（1）1971 年，霍华德·卡哈尼（Howard Kahane）出版的《逻辑与当代修辞：日常生活中推理的运用》（*Logic and Contemporary Rhetoric: The Uses of Rea-*

---

① Kahane Howard and Nancy Cavender, *Logic and Contemporary Rhetoric: The Use of Reason in Everyday Life* 8th ed. , Belmont: Wadsworth, 1997, p. vii.

② 不仅包含符号逻辑与数理逻辑，还包含演绎逻辑与归纳逻辑等。

son in Everyday Life）。卡哈尼转换逻辑教学的关注点，将谬误理论①作为自己逻辑教学的核心。他不以"演绎有效性"（deductive validity）作为批判论辩的标准，而将传统逻辑中有关谬误的研究作为自己进行论辩批评（argument criticism）的主要工具。此外，为了展示逻辑与日常生活的相关性，他从报纸、杂志上选取政治、经济等领域发生的各种问题与争议来阐释自己的理论，而不是选用那些虚构的论辩事例。尽管他没有使用"非形式逻辑"这一术语，但是他的这一教科书为非形式逻辑运动开辟了道路。（2）1973 年，斯蒂芬·托马斯（Stephen Thomas）出版的《自然语言中的实用推理》（Practical Reasoning in Natural Language）。在这本书中，托马斯提出了一种不同于比尔兹利（Beardsley）与卡哈尼的研究论辩评价（argument evaluation）的方法。他不依赖传统逻辑中的逻辑式，提出了一套用于分析论辩内部结构的术语，这也是他对非形式逻辑的最主要贡献之一。其次，他认为如果前提的"真"能够确保结论为"真"或者使结论看起来像是"真"，那么推理就是"有效的"。此外，他首次在非形式逻辑的教科书中提出"宽容原则"（the Principle of Charity），把语用因素纳入到论辩分析（argument interpretation）之中。（3）1976 年，迈克尔·斯克里芬（Michael Scriven）出版的《推理》（Reasoning）。为了替代形式逻辑中运用符号化分析论辩的方法，他提出了一个包含七步骤的论辩分析方法（a 7-step method of argument analysis）：阐明论辩及其构成成分的含义；确认论辩的结论，不论其是否明确表述；描述论辩的结构；明确表达未表述的前提；批评前提和推理过程；介绍其他相关的论辩成分；根据前面六个步骤全面评价论辩。他还详细论述了论辩分析中的道德规范，赋予"宽容原则"新的含义，即在分析论辩时，我们应尽最大可能从好的方面解释论辩，而不是从差的方面进行解读，反对使用诸如"恶意中伤"（taking cheap shots）、"吹毛

---

　　① 在日常推理和论证过程中，人们经常会诉诸一些似是而非的"谬误"（fallacy），而传统逻辑对它们却缺少应有的兴趣和重视。在当时出版的逻辑学教科书中，关于各种谬误的分析与说明只占一章或者干脆放在附录里。

求疵"（nit picking）、"树稻草人"（setting up a straw man）等论辩技巧①。

此外，还有拉尔夫·H. 约翰逊（Ralph H. Johnson）和 J. 安东尼·布莱尔（J. Anthony Blair）在 1977 年出版的《合理的自我辩护》（Logical Self-defense）等。这一时期可以看成是非形式逻辑运动的伊始阶段，主要是由美国、加拿大大学哲学系的逻辑学教师们发起的。在他们的教学实践中，学生对形式逻辑教科书不满，因而，他们提出"非形式逻辑"旨在将他们所教授的逻辑改造成不依赖"形式逻辑"的形式化与符号化，分析、评价日常生活中真实发生的论辩事例。这些教科书更应该被看成是关于论辩分析与评价的"手册"（handbooks），而不是关于非形式逻辑的理论论述。

直到 1978 年，"第一届国际非形式逻辑研讨会"在加拿大温莎大学举办，1979 年发行《非形式逻辑通讯》（Informal Logic Newsletter），1984 年更名为《非形式逻辑》（Informal Logic）②，才为北美致力于推动非形式逻辑运动的学者们提供了交流与发表学术论文的平台。他们深入思考一系列与非形式逻辑相关的理论问题，主要分为以下三类：第一类涉及论辩的确认（the identification of argument）。如，论辩由哪些成分构成？论辩的特点是什么？如何处理论辩特性不明确的情况？如何区分论辩与非论辩？第二类涉及论辩的分析（the analysis of argument）。如，论辩如何体现其个性？哪些推理模式在论辩中是最明确、最简洁描述的？单个论辩如何构成相互关联的论辩整体？第三类涉及论辩的评价（the evaluation of argument）。如，令人信服的论辩的评判标准是什么？什么是谬误论辩？在什么特定条件下，谬误会发生？谬误批评是否涵盖了所有可能的论辩批评？谬误识别是否是论辩评价的

①　Eemenren Frans H. van, Rob Grootendorst, et al., *Fundamentals of Argumentation Theory: A Handbook of Historical Backgrounds and Contemporary Developments*, Mahwah: Lawrence Erlbaum Associates, 1996, pp. 167 – 171.

②　Blair J. A. and R. H. Johnson eds., *Informal Logic: The First International Symposium*, Inverness: Edgepress, 1980.

最好、最有效的工具?① 这样一来，非形式逻辑运动就进入第二个阶段（the second phase），即以实践为基础构筑理论的阶段，以特鲁迪·高威尔（Trudy Govier）1987 年出版的《论辩分析与评价中的问题》（*Problems in Argument Analysis and Evaluation*）；道格拉斯·沃尔顿（Douglas Walton）1989 年出版的《非形式逻辑》（*Informal Logic*）；汉斯·汉森（Hans Hansen）和罗伯特·宾图（Robert Pinto）1995 年出版的《谬误研究》（*Fallacies*）；拉尔夫·约翰逊（Ralph Johnson）和安东尼·布莱尔（Anthony Blair）1996 年出版的《非形式逻辑的兴起》（*The Rise of Informal Logic*）等为代表。

下一小节，我们将详细阐述非形式逻辑学家们就如何分析、评价发生在日常生活中的真实论辩这两大问题所构筑的与论辩相关的理论体系。

三　非形式逻辑关注的两大理论问题：论辩分析与评价

非形式逻辑学家们致力于研究在现实生活中发生的真实论辩，旨在为分析、评价这些论辩实践提供所需的标准、规范等，进而指导人们在现实生活中不仅能构筑"好的"论辩（good arguments），而且能区分出那些"不好的"论辩（bad arguments）。因此，他们所构筑的论辩理论遵循"从实践中来到实践到中去"（from practice to practice）这一原则。一般情况下，他们不论述那些复杂的理论问题，如解释我们如何能够成功地阐释论辩，而是把这一任务留给语言学家、言语交际学家与语言哲学家们去做。此外，关于如何确认自然语言中发生的那些论辩这一问题，非形式逻辑学家们也只是提出了一些临时性的（ad hoc）建议，并没有将其理论化。

在假定话语中的论辩构成成分已被确认的条件下，非形式逻辑学家们只关注上一章节中提到的后两类问题，即分析与评价论辩。论辩

---

① Eemenren Frans H. van, Rob Grootendorst, et al., *Fundamentals of Argumentation Theory: A Handbook of Historical Backgrounds and Contemporary Developments*, Mahwah: Lawrence Erlbaum Associates, 1996, p. 171.

分析（the analysis of argumentation）关心的是论辩的阐释（interpretation）与重构（reconstruction）以及如何理解与展开论辩结构等议题，包括补充未明确表达的前提、确定图解规范以及论辩阐释中的道德规范等。论辩评价（the evaluation of argumentation）主要与论据和论辩的本质相关，如论据的类型有哪些？怎样理解论辩？以及我们通过什么标准或者理论来评价论辩？[1]

1. 论辩分析

关于"论辩结构"（argument structure）这一问题，非形式逻辑学家们主要基于比尔兹利 1950 年提出的"图解规范"（diagramming convention），进一步修改或者扩展关于论辩结构的划分和注释。"论辩结构"指的是分析单个论辩的内部结构，主要分为"简单式"（simple）、"聚合式"（convergent）、"联合式"（linked）、"分散式"（divergent）、"连续式"（serial）等。所谓"简单式"（simple）指的是论辩中只包含一个前提（premise）与一个结论（conclusion）；"聚合式"指的是论辩中包含两个以上的前提支持一个结论，而且这些前提之间相互独立；"联合式"指的是论辩中包含两个以上的前提支持同一个结论，但是这些前提之间相互依赖；"分散式"指的是一个前提可以同时支持两个以上的结论；"连续式"指的是论辩中的某一命题具有双重职能（dual function），既可以被看成是第一个论辩的结论，又可以被看成是第二个论辩的前提[2]。具体如图 7 所示：

这一图表分析法与形式逻辑中对于演绎关系的图表分析方法极其相似，都忽视了论辩中各个成分之间的联系，因而反映了非形式逻辑学家们在论辩分析时或多或少的受到他们之前所接受的形式逻辑教育的影响。近年来，这一"单向""静态"的图表分析法有明显的局限性，受到学者们的批评与质疑，因为在真实的论辩中，不同论辩结构

① Eemenren Frans H. van, Rob Grootendorst, et al. , *Fundamentals of Argumentation Theory*: *A Handbook of Historical Backgrounds and Contemporary Developments*, Mahwah: Lawrence Erlbaum Associates, 1996, pp. 174 – 175.

② 具体请参阅 Walton Douglas N. , *Fundamentals of Critical Argumentation*, Cambridge: Cambridge University Press, 2006, pp. 138 – 156。

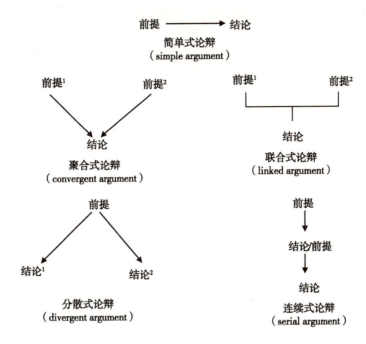

前提 ━━━━━▶ 结论

简单式论辩
（simple argument）

前提¹　　　　　前提²

结论

聚合式论辩
（convergent argument）

前提¹　　　　　前提²

结论

联合式论辩
（linked argument）

前提

结论¹　　　　结论²

分散式论辩
（divergent argument）

前提

结论/前提

结论

连续式论辩
（serial argument）

图 7　论辩结构

之间的区别并不是像上面描述的那样一目了然。

随着图尔敏论辩模式在言语交际与修辞学界影响的扩大，非形式逻辑学家们更倾向于采用图尔敏模式来分析论辩结构①。如詹姆士·弗里曼（James Freeman）在 1991 年出版的《辩证学与论辩的宏观结构》（*Dialectics and the Macrostructure of Arguments*）一书中，引进了图尔敏的论辩模式，用于分析论辩各成分之间的关系。然而，他不像图尔敏那样强调"证据—根据—理据"（data-warrant-backing）之间的区别，而是注重模式中的"辨证视角"，并将这一视角用于分析前提、语气限定词、例外与结论之间的关系。此外，受到阿姆斯特丹语用—辩证学派论辩理论的影响，有的学者也提出应将论辩看成是"旨在解决分歧的对话性的讨论"（dialogical discussions aimed at dispute resolution），利用"对话性"（dialogical）分析论辩结构，解决那些图

───────────────

① 更确切地说，应该是非形式逻辑学家们主要基于图尔敏论辩模式来分析论辩结构，而不是全盘接受他的模式。

表分析法无法解决的歧义与不明确之处①。

2. 论辩评价

如上节所述，非形式逻辑学家们利用图表分析法、图尔敏论辩模式等确定论辩的构成成分及其相互之间的关系。在此基础上，他们尽可能合理地重构论辩，论辩分析这一任务基本完成。接下来就涉及"论辩评价"这一理论问题。为了不依赖"形式逻辑"评价论辩的标准——"有效性"，非形式逻辑学家们积极构筑自己的评价理论。

非形式逻辑学家们利用谬误理论评价论辩，认为一个"好的"论辩应该是没有谬误的（free of fallacy）②。根据这一方法，约翰逊与布莱尔认为"好的"论辩必须满足相关（relevance）、充分（sufficiency）与可接受（acceptability）这三个标准，违反其中一个或者多个标准的论辩称为"有谬误的"（fallacious）。这一评判"好"论辩的标准被称为"RSA三角"（the RSA-triangle），如图8所示③：

"相关"，即前提对于结论而言是否相关，这一标准如何确定，非形式逻辑学家们并未达成一致。沃尔顿将"相关"分为两类：局部（local）和整体（global）相关。所谓局部相关，是指在某一论辩中前提与结论相关；而整体相关则是某一命题（proposition）与正在讨论的争议之间的相关性④。"充足"，即前提是否为结论提供了足够的证

---

① Snoeck Henkelmans A. F. , *Analysing Complex Argumentation*：*The Reconsturction of Multiple and Coordinatively Compound Argumentation in a Critical Discussion*, Amsterdam：Sic Sat, 1992. 我们在下一小节中专门论述语用—辨证学派的论辩理论。

② 尽管非形式逻辑学家们就怎样形成"谬误理论"以及如何将其用于评判论辩等问题并未达成一致，但是约翰逊与布莱尔提出的这一"RSA三角"获得了广泛认可，后来的学者们虽然更改了术语的名称与所指，但所提出的评价标准基本上都源于"RSA三角"。具体可参见 Govier T. , *A Practical Study of Argument*, Belmont：Wadsworth, 1985；Damer T. E. , *Attacking Faulty Reasoning* 2nd ed. , Belmont：Wadsworth, 1987；Freeman J. B. , *Thinking logically*：*Basic Concepts for Reasoning*, New Jersey：Prentice Hall, 1988；Littele J. F. , L. A. Groarke, and C. W. Tindale. *Good Reasoning Matters*, Toronto：McLelland & Stewart, 1989. Seech Z. , *Open Minds and Everyday Reasoning*, Belmont：Wadsworth, 1993。

③ Johnson R. H. and J. A. Blair, *Logical Self-defense*, New York：McGraw-Hill, 1994, p. 55.

④ Walton Douglas N. , *Informal logic*：*A Handbook for Critical Argumentation*, Cambridge：Cambridge University Press, 1989, p. 78.

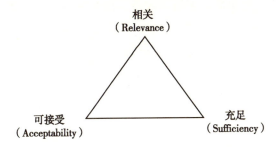

图8 RSA 三角："好"论辩的标准

据，这一标准可以从三个方面来界定：所陈述的证据类型是否合适（appropriate）；所提供的证据是否足够（enough）；辩证互动是否充足，即论辩者是否对合理的反对意见做出反应。[①]"可接受"指的是论辩的前提对论辩者（arguer）、论辩旨在影响的受众（audience）、发生论辩的社群（community）而言，是可接受的，这一标准为大多数非形式逻辑学家所接受。

此外，斯克里芬认为自然语言包含着丰富的"评价词汇"，如理由（reason）、证据（evidence）、结论（conclusion）、论点（thesis）、假设（presupposition）、异议（objection）、认定（assumption）、相关的（relevant）、充足的（sufficient）、不一致的（inconsistent）、有歧义的（ambiguous）、不明确的（vague）等，这些词汇完全能够胜任"论辩评价"这一任务。他所谓的"论辩评价方法"，就是针对那个包含七步骤的论辩分析方法（a 7-step method of argument analysis）中的每一步骤提出相应的问题。由于他强调诉诸"自然语言"进行论辩评价，因此，又被称为"自然语言方法"（a *natural language* approach）[②]。

---

① Eemenren Frans H. van, Rob Grootendorst, et al., *Fundamentals of Argumentation Theory: A Handbook of Historical Backgrounds and Contemporary Developments*, Mahwah: Lawrence Erlbaum Associates, 1996, p. 179.

② Scriven M., *Reasoning*, New Yourk: McGraw-Hill, 1976.

　　近年来，一些非形式逻辑学家受到图尔敏论辩评价思想①的影响，倾向于采用一种"认知论"的方法（an epistemological approach）评价论辩，即认为论辩评价的主要任务在于判定论辩前提是否可以接受、论辩推理是否合适，而这两大任务都涉及认知因素，也就是说，论辩所属领域的认知论（epistemology）能为我们提供主要的论辩评价标准。因此，在论辩评价时，必须考虑到论辩发生在哪一领域（field）这一重要因素。他们还认为既存在着"不因域而异"（field-invariant）的标准，也存在着"因域而变"（field-dependent）的标准。例如，论辩评价中存在着"证据应充足"这一"不因域而异"的标准，然而在具体的论辩实践中，这一标准又"因域而变"，如在法庭上判定一个人是否犯有谋杀罪所需的"证据充分"与药物公司确定试用药品的药效与副作用时所需的"充分"必然大相径庭②。然而，非形式逻辑中的认知因素（epistemological dimension）固然重要，但也不应忽略它的语用方面（pragmatic aspects）③。

　　关于论辩分析与评价，非形式逻辑并未形成标准化的（normative）理论。尽管论辩分析主要运用图表理论，论辩评价主要运用谬误理论，但随着非形式逻辑与对话逻辑、语用—辩证学派、言语交际学、修辞学、认知学、批判性思维等领域的交流与联系，它针对论辩分析与评价的理论越来越多元化。

---

　　①　图尔敏认为，评判论辩的标准因论辩所属的"域"或者"学科"而异，具体请参见 Toulmin Stephen Edelston, Rieke R. , and Janik A. , *An Introduction to Reasoning*, New York：Macmillan, 1979。

　　②　具体请参阅 McPeck J. , *Critical Thinking and Education*, Oxford：Martin Robertson, 1981. Siegel H. , *Educating Reason：Rationality, Critical Thinking and Education*, New York：Routledge, 1988. Weinstein Mark, "Towards a Research Agenda for Informal Logic and Critical Thinking", *Informal Logic*, Vol. 12, No. 3, 1990, pp. 121 – 143. Weinstein Mark, "Towards an Account of Argumentation in Science", *Argumentation*, Vol. 4, No. 3, 1990, pp. 269 – 298. Pinto R. C. , "Logic, Epistemology and Argument Appraisal", R. H. Johnson, and J. A. Blair eds. , *New Essays in Informal Logic*, Windsor：Informal Logic, 1994, pp. 116 – 224。

　　③　具体请参见我们下一小节关于语用—辩证学派论辩理论的论述。

第五节　语用—辩证学派的论辩理论

一　语用—辩证学派概述及其主要著作

"语用—辨证学派"（the pragma-dialectical approach）提倡"批判性讨论"（critical discussion），而不是传统意义上的"论辩"，在论辩研究新范式的形成过程中发挥了重要作用，其创始人为荷兰学者弗朗斯·H. 凡·埃默伦（Frans H. van Eemeren）和罗布·格鲁登道斯特（Rob Grootendorst）等。从 20 世纪 70 时代开始，受卡尔·波普（Karl Popper）"理性批判主义"①（critical rationalism）的启迪，他们积极从奥斯汀（Austin）和赛尔（Searle）的言语行为理论（speech act theory）、格赖斯（Grice）的日常语言逻辑（logic of ordinary discourse）、德国厄尔朗根学派（the Erlangen School）代表人物洛伦岑（Lorenzen）和拉仑兹（Lorenz）的对话逻辑以及巴斯（Barth）和（Krabbe）的形式辨证学（formal dialectics）②等中汲取营养，提出了适用于表达、分析和评价日常论辩的语用—辨证理论（Pragma-Dialectic Theory）。

"语用—辨证学派"认为应将研究中的"理想化的事物"（idealization）与"观察资料"（observation），将"规范的"（normative）与"描述的"（descriptive）方法相结合。因此，这一学派有两个基础认定：一是批判性讨论中论辩话语的理论模式必须基于哲学意义上的"批判理性"；二是对论辩现实的研究应基于观察和实验，以便于准

---

①　"批判理性主义"是现代西方哲学中的一种科学哲学思潮，出现于二十世纪三十年代，五十年代起逐渐受到哲学界的关注，创始人是英籍奥地利科学哲学家波普。"批判理性主义"是从理性主义一词衍生出来的。它首先标志着反对经验主义，同时也标志着不同于哲学史上的理性主义，如笛卡尔的理性主义，主张对理性应该采取批判的态度，认为科学理论和其他"知识"并不是来自于经验归纳，而是通过不断的证伪、否定、批判而向前发展的。请参阅陶银骠《简明西方哲学辞典》，辽宁人民出版社 1985 年版，第 115 页。

②　前者属于"语用学"的范畴，后者属于"辨证学"的范畴。这些理论来源也是"语用—辨证学派"得名的主要原因。

确地描述论辩话语发生的过程与影响论辩结果的那些因素。然后，从批判性讨论这一分析视角，重构真实发生的论辩话语。最后，诊断论辩话语中存在的实际问题以及确定解决它们的方案。这样一来，这一论辩理论就具有批判理性的哲学（philosophical）立场、语用—辩证的理论（theoretical）立场、以解决意见分歧为中心的分析（analytical 立场）、面向说服过程的经验（empirical）立场以及旨在激发反思的实用（practical）立场①。

1984 年出版的《论辩讨论中的言语行为》（*Speech Acts in Argumentative Discussions：A Theoretical Model for the Analysis of Discussions Directed Towards Solving Conflicts of Opinion*）阐释了语用—辩证论辩研究的理论背景及其哲学、方法论上的出发点，提出了旨在解决意见分歧的论辩讨论的理想模型；1992 年出版的《论辩·交际·谬误：语用—辩证视角》（*Argumentation, Communication, and Fallacies：A Pragma-Dialectical Perspective*）详细论述了语用—辩证论辩理论，将对"论辩话语"的研究集中于对"语言交流"，即言语行为的研究上，认为所谓的"谬误"就是违反批判性讨论规则所产生的；1993 年出版《重构论辩话语》（*Reconstructing Argumentative Discourse*）介绍了如何按照批判性讨论模式分析、重构论辩话语；2004 年出版了《系统的论辩理论——语用—辩证学派》（*A Systematic Theory of Argumentation：the Pragma-Dialectical Approach*）。该著作系统总结了"语用—辩证学派"在过去 30 年间所形成的论辩理论，主要包括"论辩研究的领域"（the realm of argumentation studies）、"批判性讨论的模式"（a model of a critical discussion）、"批判性讨论的规则"（rules of a critical discussion）、"理性讨论者的行为准则"（a code of conduct for reasonable discussants）等。

---

① 参见 Eemenren Frans H. van, Rob Grootendorst, et al. , *Fundamentals of Argumentation Theory：A Handbook of Historical Backgrounds and Contemporary Developments*, Mahwah：Lawrence Erlbaum Associates, 1996, pp. 275 – 276. Eemeren Frans H. van and Rob Grootendorst, *A Systematic Theory of Argumentation：The Pragma-Dialectical Approach*, Cambridge：Cambridge University Press, 2004, pp. 9 – 41。

2010 年出版了《论辩话语中的"战略决策"》(*Strategic Maneuvering in Argumentative Discourse*),引入"战略决策"这一概念,使"辨证"与"修辞"这两个方面结合起来。"战略决策"指的是论辩者为了合理地实现论辩的有效性,努力"顺从"。它可以发生在论辩的每一阶段。顺应受众的需要不仅表现在某一特定阶段对话题的选择上,还表现在选择特定的表述技巧上。当在特定的语境内,若"战略决策"违反了批判性讨论的某一规则,就产生了"谬误"。将"战略决策"这一因素纳入考虑,"语用—辨证学派"的论辩理论得到了进一步的扩展,因此,为分析和评价论辩语篇提供了更丰富、更精确的方法。

二 语用—辩证学派的论辩理论——批判性讨论模式(A Model of Critical Discussion)①

论辩的辩证方法主要研究在论辩讨论中批判性评价观点的方式,其目的主要在于检验某一观点是否可以接受,意见分歧能否通过有序的意见交换得以解决。语用—辨证学派提出的"批判性讨论"②(a critical discussion)这一概念对于解决这一问题至关重要。与"形式辨证学"(formal dialectics)不同,语用—辨证学派的论辩理论不仅具有辨证性质,还有语用性质。这一性质主要表现在将论辩讨论中旨在解决意见分歧而采取的行动(moves)看成是发生在特定的文化—历史背景下,某一特定形式的口头或者书面的语言运用,即"言语事件"(speech events)中的言语活动,即"言语行为"。与语言学研究中将

---

① 参见 Eemenren Frans H. van, Rob Grootendorst, et al. , *Fundamentals of Argumentation Theory*: *A Handbook of Historical Backgrounds and Contemporary Developments*, Mahwah: Lawrence Erlbaum Associates, 1996, pp. 275 – 282。Eemeren Frans H. van and Rob Grootendorst, *A Systematic Theory of Argumentation*: *The Pragma-Dialectical Approach*, Cambridge: Cambridge University Press, 2004, pp. 52 – 62.

② 所谓"批判性讨论"指的是持有不同观点的各方通过交换观点确定正在被讨论的观点是否经受得住批判性的质疑或反对。Eemeren Frans H. van and Rob Grootendorst, *A Systematic Theory of Argumentation*: *The Pragma-Dialectical Approach*, Cambridge: Cambridge University Press, 2004, p. 52.

广义的"关于语言使用的研究"称为"语用学"这一传统相符，这一研究论辩的理论立场可以被称为"语用—辩证学"（pragma-dialec-tics）。

语用—辩证学派的论辩理论有四个基本的"超理论"（meata-the-oretical）前提，涉及人们如何研究论辩，因此，又具有方法论上的意义。这些前提是将论辩的描述方面与规范方面相结合的基础。根据这些方法论上的出发点，论辩应该被"具体化"（externalized）、"社会化"（socialized）、"功能化"（functionalized）以及"辩证化"（dia-lectified）。

从语用意义上讲，论辩预设着某一观点与针对这一观点的反对意见，不仅仅涉及个人推理过程，或者说，论辩双方碰巧持有不同观点的情景。为了确保对方接受自己的观点，必须诉诸公共认证（public certification），即将自己在论辩中的推理接受公共审查。通过公众信仰（public commitment）与问责（accountability）系统，论辩的构成基础——信念、推理、解释等应该在语篇中得以明确表达。尽管人们持有某一立场背后的动机可能因他们在辩护中所提供和接受的理由有所不同，他们忠实于哪一立场并不取决于他们的真实立场，而在于他们在论辩中所表达的立场，不管这一立场是否获得直接表达。正因为这一原因，任何试图将论辩简缩为态度或者信念体系（a structure of atti-tudes and beliefs），或是推理过程的努力都是不充分的。论辩研究不应仅仅关注论辩双方内在的心理倾向，而且更应关注他们"外在的"或者"可以外在化的"那些承诺（commitments）。所谓"承诺外在化"（externalization of commitments），指的是某一具体论辩情景中，某一言语行为会产生什么样的"义务"（obligations）。这样一来，"同意"（accept）、"不同意"（disagree）、"被说服"（being convinced）这些术语会获得"具体意义"。它不是代表处于某一思想状态，而是表示在有异议的语境内，同意那些通过论辩语篇得以外在化的"公共承诺"。如"同意"（acceptance）可以通过对正在谈论的观点表达某一肯定承诺得以"外在化"。也就是说，"外在化"可以通过在有意见分歧的语境内，确定论辩性的言语行为产生的某一特定"承诺"

而得以实现。

在把"论辩作为产品"（argument-as-product）的研究中，通常认为论辩是论辩个体推理过程的外在化表现，从论辩发生的交际过程中抽取一些推理的构成成分，如"大前提""小前提""结论"等。这一论辩理论关注的核心问题是研究这些构成成分如何相互联系以确认论辩者立场的有效性。然而，论辩并非是由单个论辩"独自"（privately）得出结论，而是话语进程（discourse procedure）的一部分，持有不同观点的两个或两个以上的论辩者努力达成一致。论辩预设两个可以区别的参与者：一是某一观点的"主辩者"（protagonist）；二是"真实存在"或者是"虚构"的"对抗者"（antagonist）。在对话性的互动中，"主辩者"回应"对抗者"针对论点提出的问题、质疑、反对或者"反诉"（counterclaims）等。论辩，这一努力共同解决问题的过程，应该放置在社会情境中进行研究①。"社会化"可以通过确定论辩参与者在互动、合作的语境内所起的不同作用而得以实现。

在形式逻辑或者非形式逻辑研究中，就算是在谬误研究或者是实用论辩研究中，论辩理论家都倾向于用"结构化的"（structural）术语来分析论辩，忽略了论辩的"功能化"，即论辩在特定的语境内，通过对意见分歧的"回应"或者"预期"，构筑特定的证当理由来实现"解决意见分歧"这一目的。论辩发生的必要、证当的要求以及论辩的结构都应努力顺应针对论点提出的那些反对、质疑意见。因此，在论辩分析与评价中，应将进行论辩的目的这一因素纳入考虑，重在研究论辩在解决意见分歧中所产生的作用，研究如何运用语言达到某一交际或者互动目的。"功能化"可以通过确定发生在论辩中的言语行为与实施这一行为的适当条件（correct conditions）而得以

---

① 将"论辩作为过程"（argument-as-process）的研究中，图尔敏的论辩模式做出了一定努力，将论辩中的每个构成成分都看作是对可能存在的质疑或者疑问作出的回应，但是他针对每一构成成分提出的问题，如"依据什么继续?"主要用于解释论辩是如何相互连接的。

实现。

　　只要"主辩者"能够调和"对抗者"的不同意见，论辩是解决意见分歧的唯一合适方式。话语或者会话分析者仅止于描述论辩发生时的真实情况，而没有考虑到如果论辩旨在解决意见分歧，那么它应该如何进行这一问题。语用—辨证学派认为，论辩理论应能够为旨在解决意见分歧的讨论提供一套有章可循的批判性准则。他们将论辩看成是批判性讨论的一部分，通过有效的辨证互动解决意见分歧。有效的辨证程序可以确定论辩话语是否有助于解决意见分歧。"辨证化"可以通过在批判性讨论中，严格规定旨在解决意见分歧的言语行为的交流步骤而得以实现。

　　在语用—辨证学派的论辩理论中，正在讨论主题的"外在化""社会化""功能化"与"辨证化"需要从话语、话语分析中汲取语用视角，从批判理性主义与对话逻辑中吸收辨证视角。论辩通过描述论辩双方实施言语行为的语用功能与结构得以体现，而其可接受性要依赖旨在解决意见分歧的批判性讨论规则予以判定。

三　批判性讨论的四个阶段

　　为了阐明旨在解决意见分歧①的论辩，语用—辨证学派基于上述四个"超理论"前提，提出了"批判性讨论模式"。这一模式认为只有论辩双方关于正在被讨论的论点是否可以接受这一问题达成一致意见，意见分歧才算真正获得解决。也就是说，论辩一方被论辩另一方的论辩说服并接受了另一方所提出的论点，或者是另一方意识到自己的论点经不起批评而撤回其论点。它还明确规定了解决意见分歧这一

---

　　①　解决意见分歧（resolving a difference of opinion）不能等同于解决争论（settling a dispute）。争论可以通过第三方（a third party）的调停，如仲裁员、公断人、法官等，或者投票获得解决，而意见分歧只有通过论辩手段，促进论辩双方就"有争议的论点是否可以接受"这一问题达成一致，才算消除。也就是说，论辩一方要么被另一方所说服，要么另一方意识到自己的论点经不起批评而撤回其论点。通过论辩与批评达成一致意见对于解决意见分歧而言至关重要。这也正是为什么要在语用—辨证学派的批判性讨论中，运用辨证程序解决意见分歧的原因。

过程所包含的四个阶段，即对立阶段（the confrontation stage）、开始阶段（the opening stage）、论辩阶段（the argumentation stage）与结论阶段（the concluding stage）。这四个阶段又可以称为批判性讨论的"讨论阶段"（discussion stages）①。在论辩实践中，尽管这四个阶段并不一定需要全部明确表达出来，更不需要严格按照这一顺序进行论辩，但是只有认真关注每一阶段，无论它们是否得以明确表达，才能合理地解决意见分歧。

在批判性讨论的对立阶段，观点受到质疑或者反驳，表明针对"是否可接受论点"这一问题存在着意见分歧。在论辩中，这一分歧可以明确表述，但在论辩实践中，通常是不言明的。无论如何，没有这一意见分歧，论辩就没有发生的必要了。

在开始阶段，论辩双方努力确定他们是否有充足的"共同点"（如讨论形式、背景知识、价值观念等）以保证能富有成效地展开讨论。如果论辩出发点未获得论辩双方的共同信奉，那么通过论辩性的意见交换试图解决意见分歧的尝试是没有任何意义的。在这一阶段，"主辩者"与"对抗者"以及他们在论辩中所承担的角色和义务得以确定。"主辩者"承担防守者的角色，为正在讨论的论点辩护；而"对抗者"承担进攻者的角色，批判性地回应论点以及"主辩者"对其的辩护。人们默认通常情况下存在论辩所需的共同背景，因此，这一阶段也通常不会得到明确表达。

在论辩阶段，为了打消"对抗者"提出的质疑或者反驳他对论点的批评，"主辩者"需要系统地为论点进行辩护，"对抗者"决定是否可以接受这一辩护。如果认为"主辩者"的论辩或者其中某一部分并不能完全令人信服，"对抗者"就会进一步提出反对意见。这一反对意见会引发"主辩者"新一轮的辩护。这样一来，"主辩者"可

---

① 辨证方法区分出来的"讨论阶段"与修辞方法区分出来的"前言"（exordium）、"叙事"（narratio）、"证明"（argumentatio）、"重述"（peroratio）在一定程度上有所重合，但是这两种区分的原因有所不同。前者认为这些辨证阶段有助于解决意见分歧；后者认为修辞阶段有助于帮助论辩者赢得受众的认可。

能提出简单的论辩结构，也可能提出复杂的结构①。尽管在论辩实践中，这一阶段的某些部分也可能会略而不提，但是批判性地评价论辩对于解决意见分歧是必不可少的。如果没有这两个活动，所谓的"批判性讨论"就没有任何意义了。

在结束阶段，论辩双方确定他们之间存在的意见分歧是否通过论辩得以解决，即论辩双方关于"主辩者"所提的论点是否达成共识。如果"主辩者"未能成功地为其论点进行辩护，未能彻底打消"对抗者"的疑虑，那么，他就需要撤回其观点。这样一来，意见分歧的解决结果有利于"对抗者"；如果论辩双方就意见分歧的每一细节都达成一致，即"主辩者"的观点是可以接受的，因此"对抗者"必须撤回其对论点的质疑，这样一来，意见分歧的解决结果有利于"主辩者"。在实践中，通常只有一方作出论辩结论，但是如果另一方不同意这一结论，意见分歧就没有得到解决。

结论阶段结束以后，某一特定论点的批判性对话也随之终结。但是，这并不意味着同一论辩双方不能开始新的讨论。他们或者讨论与上一论点完全不同的意见分歧，或者讨论之前意见分歧的某一修改版本，如在开始阶段，论辩的前提不同。在这一新的批判性讨论中，论辩双方的角色也可能发生变化。在任何情况下，为了解决新的意见分歧，论辩必须经历同样的"对话阶段"，即从"对立阶段"到"结论阶段"。

---

① 根据论辩结构，论辩可以分为"简单论辩"（simple argumentation）、"多重论辩"（multiple argumentation）、"并列复合论辩"（coordinatively compound argumentation）、"从属复合论辩"（subordinatively compound argumentation）等。具体请参阅 Eemeren Frans H. van and Rob Grootendorst, *Argumentation, Communication, and Fallacies: A Pragma-Dialectical Perspective*, Hillsdale: Lawrence Erlbaum Associates, 1992, pp. 73 – 89. Snoeck Henkemans A. F., *Analysing Complex Argumentation: The Reconsturction of Multiple and Coordinatively Compound Argumentation in a Critical Discussion*, Amsterdam: Sic Sat, 1992。

四　语用—辩证学派的讨论程序（the pragma-dialectical discussion procedure）①

语用—辩证学派讨论程序的规则与那些希望通过批判性对话解决意见分歧者的行为有关，规定在什么情况下，实施某种言语行为有助于解决意见分歧。这样一来，在每个讨论阶段，表明什么时候论辩双方有权利或者责任实施某种言语行为。

在对立阶段，"主辩者"提出论点，"对抗者"对该论点提出质疑，这样一来，产生意见分歧。如果没有意见分歧，论辩就没有发生的必要了。批判性讨论规则对论辩双方所实施的言语行为以及因此而做的"承诺"产生影响，因此，意见分歧的"外在化"至关重要，也就是说，论辩双方应该不仅能提出论点，也可以对任何论点提出质疑。为了确保这一点，必须赋予论辩双方不受任何限制提出或者质疑每一论点的权利。

规则 1

a. 表达论点的断定句（assertive）和对论点表示质疑的承诺句（的否定形式）的命题内容不受任何条件的限制；

b. 不管讲话者（作者）和听众（读者）的身份和地位如何，都可以不受任何条件的限制实施断定和承诺等言语行为；

在开始阶段，"对抗者"针对论点提出质疑，"主辩者"接受这一质疑，并对论点进行辩护。论辩双方决定进行讨论之后，他们就角色的分配、讨论规则达成一致意见。批判性讨论规则必须说明什么时候"对抗者"有资格质疑"主辩者"；什么时候"主辩者"必须接受这一质疑；谁承担"主辩者"（"对抗者"）的角色；共享的前提是什么；论辩阶段应有哪些规则；在结束阶段，讨论应以何种方式结束等。

---

① Eemeren Frans H. van and Rob Grootendorst, *A Systematic Theory of Argumentation：The Pragma-Dialectical Approach*, Cambridge：Cambridge University Press, 2004, pp. 135 – 157.

质疑权（the right to challenge）

规则 2

在对立阶段，对论点提出质疑的论辩一方有权利要求对方为这一论点进行辩护。

规则 2 所规定的可以说是不受任何条件限制的权利，但绝不是一种义务，因为要求对方为某一论点进行辩护意味着要求对方针对这一论点进行讨论，这取决于对方是否接受这一"邀请"。

辩护义务（the obligation to defend）

如果对方认为论点需要进一步的证据支持或者论辩，那么，提出论点的一方就有为该论点进一步辩护的义务。通常情况下，只有成功地为论点辩护或者撤回该论点，这一义务才算完成。然而，为了避免讨论的重复，论辩者若是已经成功地辩护过某个论点，就无需再根据同样的讨论规则与前提，面对同一个讨论者为同一论点进行辩护。由此可见，"同一罪行不受两次审判"（non bis in idem）这一法律原则也适用于批判性讨论。

规则 3

除非对方不准备接受任何共同的前提和讨论规则，在对立阶段提出论点的一方有义务接受对方针对论点提出的质疑。如果论点提出者没有撤回其所提出的论点或者在双方达成一致的前提和谈论规则的基础上，并未成功地为其辩护，那么，提出论点的一方仍有辩护的义务。

提出论点的一方通过接受规则 3 所规定的辩护义务与论辩对方对观点的质疑，表明他有针对某一论点进行讨论的意愿。同样，对论点提出质疑的一方通过同意共同遵守某些论辩双方共享的前提和讨论规则，亦表明其意愿性。规则 3 旨在将论辩双方愿意讨论的意愿"外在化"。

举证责任的分配（Allocation of the burden of proof）

规则 3 还规定了针对某一论点举证责任应如何分配。根据规则 3，当论点受到质疑，提出论点的讨论者应负举证责任。在混合（mixed）意见分歧的论辩实践中，论辩各方都可以对另一方的论点提出质疑，因此，论辩双方都负有一定的举证责任。在混合型的论辩中，并不是谁负有举证责任，而是谁应该首先辩护自己所提出的论点，是顺序问题（a problem of order）。通常认为，谁攻击已经证实的观点或者现状，谁就负有举证责任。

论辩角色的分配（Allocation of the discussion rules）

进入论辩讨论阶段之前，论辩双方必须达成的第一个协议就是关于讨论中论辩角色的分配问题，即谁将承担"主辩者"的角色，谁承担"对抗者"的角色。

规则 4

除非论辩双方同意互换角色，在开始阶段，提出论点、接受对方针对论点提出的质疑并对其进行辩护的讨论者在论辩阶段将充当"主辩者"的角色；另一讨论者充当"对抗者"的角色，这一角色分配贯穿讨论的整个过程。

关于讨论规则的协议（Agreements concerning the discussion rules）

规则 5

进入论辩讨论阶段之前，论辩双方，即"主辩者"与"对抗者"需就下列规则达成一致意见："主辩者"如何为最初的论点辩护；"对抗者"如何攻击它；"主辩者"和"对抗者"分别在什么情况下才算是成功地辩护了或者攻击了最初的论点。这些规则适用于整个讨论过程，而且在讨论期间，论辩双方不能对它们提出质疑。

攻击与辩护论点（Attacking and defending standpoints）

规则 6

a. "主辩者"通过实施一系列的论辩言语行为而为在最初意见分歧或者次意见分歧中提出的论点进行临时性的（provisionally）辩护。

b. "对抗者"通过对论点的命题内容或者其证当或驳斥效力提出质疑而攻击论点。

c. "主辩者"与"对抗者"不能通过其他方式辩护或者攻击论点。

主体间鉴定程序（the intersubjective identification procedure）

规则 7

a. 如果主体间对论点命题内容的鉴定结果为肯定，或者说命题内容为论辩双方所共同接受，那么"主辩者"为论点命题内容的辩护就算成功了。

b. 如果主体间对论点命题内容的鉴定结果为否定，那么"对抗者"对论点命题内容的攻击就算成功了。

规则 8

a. 如果主体间经过推理（inference）、外在化（externalization）与检验（testing）程序之后结果为肯定，那么，"主辩者"为论点证当或者驳斥效力的辩护就算成功了。

b. 如果主体间经过推理、外在化与检验程序之后结果为否定，那么，"对抗者"对论点证当或者驳斥效力的攻击就算成功了。

成功攻击与辩护论点（Attacking and defending standpoints conclusively）

规则 9

a. 如果"主辩者"能为"对抗者"所质疑的论点命题内容和它的证当或者驳斥效力这两方面成功地进行辩护，那么就等于通过一系列论辩言语行为，他对最初提出的论点或者次论点成功进行了辩护。

b. 不论"对抗者"是成功地攻击了论点的命题内容，还是它的证当或者驳斥效力，都相当于他对"主辩者"提出的论点成功进行了攻击。

攻击权的最佳运用（Optimal use of the right to attack）

规则 10

整个讨论期间，"对抗者"有权对"主辩者"未能成功辩护的每一论点的命题内容和它的证当或者驳斥效力提出质疑。

辩护权的最佳运用（Optimal use of the right to defend）

规则 11

整个讨论期间，"主辩者"有权对自己提出或者未能成功辩护的每一论点的命题内容和它的证当或者驳斥效力进行辩护。

规则 12

整个讨论期间，"主辩者"有权撤回自己提出的每一论点，因而，消除其辩护的义务。

讨论的有序进行（The orderly conduct of the discussion）

规则 13

a. 在讨论中，若"主辩者"与"对抗者"角色不发生转换，对于同一言语行为只能实施一次。

b. 在讨论中,"主辩者"与"对抗者"必须依次按照他们充当的角色要求实施言语行为。

c. "主辩者"与"对抗者"不能同时实施一个以上的言语行为。

在结束阶段,论辩阶段充当"主辩者"与"对抗者"的讨论者都面临两个选择:坚持或收回其最初提出的论点;坚持或放弃其对最初论点的质疑。通过确定最终的结果(但是也可能会引发新一轮的讨论),论辩双方共同结束讨论。在这一阶段,唯一需要明确的规则就是面对在论辩阶段"对抗者"的质疑与攻击,"主辩者"在什么情况下应该撤回其最初提出的观点;以及面对在论辩阶段"主辩者"的辩护,"对抗者"在什么情况下应该撤回其对最初观点的质疑。

规则 14

a. 如果在论辩阶段,按照规则 9 的规定(同时遵守其他讨论规则),"对抗者"成功攻击了"主辩者"提出的论点,那么"主辩者"必须撤回其最初提出的论点。

b. 如果在论辩阶段,按照规则 9 的规定(同时遵守其他讨论规则),"主辩者"成功为"对抗者"针对论点提出的质疑进行了辩护,那么"对抗者"必须撤回其针对最初论点提出的质疑。

c. 其他情况下,"主辩者"无须撤回其最初提出的论点,"对抗者"亦无须撤回其对论点的质疑。

关于用法说明的权利与义务（Rights and obligations regarding usage declaratives）

在批判性讨论的每一阶段,论辩双方正确理解对方实施的言语行为对于有效地消除意见分歧至关重要。如果讨论者未能明确形成某一论点或者对论点的质疑,或者对方未能正确理解这一表达,那么他们的讨论极有可能与其目的背道而驰,或者根本不会产生旨在于解决意见分歧的讨论。因此,在讨论中,论辩双方必须努力使表达与释义最优化,即讨论者须选择对方可以理解的方式表达;对方对某一表达的解释需与讲话者的意图尽量一致。不仅如此,论辩双方还应随时准备提出更好的表达和解释方式。

规则 15

a. 在讨论的每一阶段，论辩双方都有权要求对方实施用法说明（usage declarative），自己也有权实施这一言语行为。

b. 被要求实施用法说明的讨论者有义务这样做。

上述每一规则都是解决意见分歧的必要条件。通过论辩性的讨论，这 15 条规则有助于解决意见分歧，但在论辩实践中，并不能确保意见分歧的消除。为此，埃默伦与格鲁登道斯特针对论辩双方提出了"更高层次的条件"（the higher-order conditions），称为"理智讨论者的行为规范"（a code of conduct for reasonable discussants），又称为"理智讨论者的十诫"①（ten commandments for reasonable discussants），它覆盖了论辩过程的各个方面和步骤，对论辩者的话语行为提出了相当具体的规范和要求。

戒律 1　自由规则（the freedom rule）

论辩双方不得阻碍他方提出或质疑论点。提出与质疑论点是论辩双方无条件、无保留地赋予对方的基本权利。

戒律 2　辩护义务规则（the obligation-to-defend rule）

对方针对论点提出质疑时，提出观点的一方不得拒绝为其观点进行辩护。

戒律 3　论点规则（the standpoint rule）

所攻击的论点不得与对方提出的论点无关。

戒律 4　相关规则（the relevance rule）

针对论点的辩护不得通过非论辩（non-argumentation）手段或者

---

① 具体请参阅 Eemenren Frans H. van and Rob Grootendorst, *Speech Acts in Argumentative Discussions: A Theoretical Model for the Analysis of Discussions Directed Towards Solving Conflicts of Opinion*, Dordrecht: Foris Publications, 1984, pp. 151 – 175. Eemeren Frans H. van and Rob Grootendorst, *Argumentation, Communication, and Fallacies: A Pragma-Dialectical Perspective*, Hillsdale: Lawrence Erlbaum Associates, 1992, pp. 208 – 209. Eemeren Frans H. van, Rob Grootendorst, et al., *Fundamentals of Argumentation Theory: A Handbook of Historical Backgrounds and Contemporary Developments*, Mahwah: Lawrence Erlbaum Associates, 1996, pp. 283 – 286. Eemeren Frans H. van and Rob Grootendorst, *A Systematic Theory of Argumentation: The Pragma-Dialectical Approach*, Cambridge: Cambridge University Press, 2004, pp. 190 – 196。

与论点不相关的论辩进行。

戒律 3 与 4 旨在确保在批判性讨论的论辩阶段，针对论点的辩护与攻击确实与"主辩者"提出的论点相关。

戒律 5　未表达前提规则（the unexpressed-premise rule）

论辩双方不得将某一未明确表达的前提错误地强加给对方，也不得否认自己确实使用了某个略去不表的前提。

戒律 6　出发点规则（the starting-point rule）

论辩双方不得将对方尚未接受的某个前提当作论辩出发点，也不得反对对方将普遍接受的观点作为论辩起点。

戒律 7　有效性规则（the validity rule）

论辩中，形式上有说服力的推理一般在逻辑意义上是有效的。

戒律 8　论辩图式规则（the argument scheme rule）

如果辩护未能发生在正确选用的恰当论辩图式内，论点就不能被认为通过未基于形式上有说服力的论辩推理得到了辩护。

戒律 9　结束规则（the concluding rule）

未能成功地辩护某一观点，就不得坚持它；成功地辩护了某一观点之后，就不应该再继续坚持怀疑它。

戒律 10　语言运用的一般规则（the general language use rule）

论辩双方不得使用不够清晰、模棱两可的表达，而且不得有意误解对方的表达。

埃默伦和格鲁登道斯特以参与论辩的各方完全平等作为基本预设，提倡不同观点在相关社会、文化、智力传统认可的"框架"内自由表达和交换——也就是实现有序而充分的互动，并且以消除分歧作为论辩的最初目标。他们所提出的这些"论辩规则"是规范性和教训性的，其中包含的理想主义成分明显大于现实主义成分。然而，理想主义的论辩伦理观毕竟与乌托邦式的空想不一样。理想化的互动规范和程序一旦深入人心，转化为公众对交流者行为方式的期待以及这种期待造成的压力，也能够影响整个社会的论辩实践，从而发挥积极的效果①。

在埃默伦和格鲁登道斯特看来，论辩是一言语、社会、理性活动，旨在通过提出一系列"证当"或"驳斥"论点的命题，使理智的评判者确信某一观点的可接受性②，主张应该将论辩看成是以"通过讲道理造成变化"（reasoned change）为本质特征的一种话语形式，是以"一方试图使另一方确信某个立场具有可接受性"为主要标志的"交流"。更具体地说，论辩必须被理解为"旨在通过言语行为的有序交换（regular exchange of speech acts）"解决意见分歧的一种互动程序（interactional procedure）。一旦社会行动者遵循这一"互动程序"以解决他们之间针对任何事情的不同看法，论辩也就成了一种"批判性讨论"③。总体来说，语用—辨证学派的论辩理论具有动态（dynamic）、关注语境（context-sensitive）、依赖逻辑与修辞策略等多媒介（multi-agent）的特征④。

第六节　当代中国论辩研究的共时比较

论辩研究在当前的西方学术界是一门"显学"，各种流派、学说层出不穷。尽管如此，帕尔曼、图尔敏、非形式逻辑及语用—辨证学派关于论辩的表述应是当前西方论辩研究中所持有的主流观点。他们所构筑的论辩理论以"修辞""语用""辨证"等为构筑的出发点，强调事态和意义的不确定性和或然性，以"可信的意见"而不是确定无误的真知作为推理基础，建立一种动态、辨证的论辩规范与实践

---

① 刘亚猛：《西方修辞学史》，外语教学与研究出版社 2008 年版，第 311—312 页。

② Eemeren Frans H. van and Rob Grootendorst, *A Systematic Theory of Argumentation：The Pragma-Dialectical Approach*, Cambridge：Cambridge University Press, 2004, p. 1.

③ Eemeren Frans H. van and Rob Grootendorst, *Argumentation, Communication, and Falla-cies：A Pragma-Dialectical Perspective*, Hillsdale：Lawrence Erlbaum Associates, 1992, p. xiii. 转引自刘亚猛《西方修辞学史》，外语教学与研究出版社 2008 年版，第 310 页。

④ Bonevac Daniel, "Pragma-dialectics and Beyond", *Argumentation*, Vol. 17. No. 4, 2003, pp. 451 – 452.

模式；强调论辩应考虑到受众、语境、目的、效果等方面的不同，而不是致力于追求超越具体语境、目的和受众的"逻辑性"。当今的西方学术界已停止了对现代逻辑的崇拜，拆除掉了近三百多年来，哲学家在逻辑和修辞之间竖立起来的"隔离带"，论辩研究范式已成功地从逻辑转换到修辞范畴。

将当代西方的主流论辩理论与当代中国论辩研究相比较，可以得出以下几个结论：

第一，当代中国论辩研究主要从微观层面上对论辩的几个范畴展开研究，而当代西方的主流论辩理论更主要的是关注论辩的宏观层面，如论辩的社会功用、论辩与话语的关系等，强调通过"话语"影响"受众"，进而达到既定的论辩目的，而不是将注意力集中于言说者个体的思维活动与推理过程。

第二，当代西方的主流论辩理论以研究发生在真实、日常语境内的论辩实践为主，这样一来，它们所构筑的理论体系并不是先验地（apriori）确立一套论辩者应该严格遵守的规范、程序和标准，而是通过研究发生在真实生活中的论辩实践，"描述"人们应该遵守的论辩规范与实践模式。这一论辩规范与实践模式又反过来为论辩实践提供理论依据。这一研究兴趣与当代中国论辩研究关注"辩论赛"，脱离当代论辩实践的要求大相径庭。

第三，当代西方的主流论辩理论认为，论辩的目标是产生实际效果。论辩参与者总是以影响受众的思想，改变他们的态度，最终促成某一行为或行动的产生为最终目的。这一表述与当代中国论辩研究认为"论辩以探求真理、揭露谬误为终极目的"形成对照。

第四，当代西方主流论辩理论从论辩伦理学的高度论述论辩双方关系以及论辩者应有的态度等问题，详细"规定"了论辩者在每一论辩阶段应该如何做，为论辩者的行为提供了详尽的指导。虽然这一论辩伦理有一定的理想主义色彩，但这与当代中国论辩研究中简单提出"平等、真诚"等论辩关系相比更具有可操作性。

由此可见，基于现代逻辑范畴构筑的当代中国论辩思想，所师从的是一种过时的西方理论——现代逻辑，而不是参照当代西方主流论辩理论构筑当前我国的论辩规范与实践模式。

第七节　本章小结

　　本章首先重点介绍了西方论辩研究范式的转换。这一转换发生在 20 世纪六七十年代，经历了以（形式）逻辑为中心到以非形式逻辑、修辞为中心的研究论辩。其次，本章系统阐述了在这一范式转换过程中发挥重要作用的论辩理论与流派。比利时哲学家、法学理论家凯姆·帕尔曼和英国哲学、修辞学家斯蒂芬·图尔敏在这一论辩研究范式的转换过程中发挥了重要作用，有力地推动和促成了发生在 20 世纪欧美主流话语观念的三大转变，即"非形式逻辑"的崛起及其对"形式逻辑"形成的挑战；"论辩"（argumentation）观念的崛起及其对逻辑长期享有的中心地位的挤占；修辞思想的扩展及其对逻辑实证主义代表的"哲学方法"的取代①。此外，北美于 20 世纪 70 年代以后兴起的"非形式逻辑运动"和阿姆斯特丹的语用—辨证学派对论辩研究新范式的形成也起了关键性的作用。基于上述当代西方的主流论辩理论，本章从跨文化的视角，重新审视与批判当代中国论辩研究所形成的基本认定，以期为在当代社会形势下重新构筑论辩规范与实践模式提供一个共时参照点。

　　基于第二、第三章的比较研究，不管是植根于我国先秦时期的论辩思想，还是积极借鉴当代西方的主流论辩理论，我们都应该力求在修辞的框架内发展我国当前的论辩研究。下一章节首先"解构"当代中国论辩研究中存在的几个问题。然后，以此为基础，我们在修辞范畴内积极重构我国的论辩规范与实践模式。

---

　　①　刘亚猛：《西方修辞学史》，外语教学与研究出版社 2008 年版，第 322 页。

第四章

当代中国论辩研究的新构筑

　　论辩，作为人类的一种基本话语实践活动，具有重大的社会意义和学术意义。然而，在我国，作为一个学术研究对象，论辩研究并没有引起跟自己的作用相称的注意和兴趣。当前中国学术界对其的研究主要局限在逻辑学与语言学的范畴，所关注的主要是论说文中所表现的逻辑推理技巧与语言艺术，以及近年来出现的"辩论赛"这一模拟论辩形式，忽略了"论辩"以"讲道理"的形式在话语中的普遍分布及其作为话语互动的主要形式之一所应具有的社会属性与社会功效。这一狭义理解和极具局限性的关注不仅与这个概念在中华文明的轴心时代——也就是先秦百家争鸣时期——被赋予的丰富意义和所享有的崇高研究地位大相径庭，跟它在当代占支配地位的西方话语中的流通和应用更形成明显的反差。历史与理论视野狭隘导致我国现有的论辩研究观念基础薄弱，基于此所形成的基本设定似是而非。因此，本章以解构当代中国论辩研究中的几个误区为出点，在"修辞学"的范畴内重构当代中国论辩规范和实践模式。这一论辩规范和实践模式以第二、第三章所论述的我国先秦论辩思想与当代西方的主流论辩理论为参照点。

第一节　当代中国论辩理论观念基础的反思

　　任何学科要想获得真正的活力，取得长足乃至突破性的发展，都必须适时地对赖以构筑本领域学术话语的现有观念基础和实践模式进行深刻的反思，而审视和诘问那些被不假思索地接受为正确表述的

"常言"就是这一反思过程的重要组成部分①。因此，本节主要是对当代中国论辩理论观念基础中存在的问题予以"解构"，为下一节重构当代中国的论辩规范与实践模式提供依据。

一 事实与雄辩的对立

在构筑论辩原则和方法之时，当代中国论辩研究者们频频引用"事实胜于雄辩"这一常言论证将"实事求是"作为论辩的首要原则用以指导具体论辩实践与将"事实"作为论辩推理的基础和出发点的正当性与合法性。

按理说，再怎么强调"事实"在论辩中的作用也不过分，因为论辩之所以存在是由于论辩双方针对某一议题存在着意见分歧，即论辩双方对某一事件的看法存在着不确定性，如"这一学术观点是否正确？""他是不是有罪？"等。若想消除这一意见分歧或者不确定性，论辩者必须用确定无疑的事物来证明不确定的事物，这是一切论辩的本质。任何论辩行为都不能罔顾事实，否则只能沦为强辩、诡辩或者狡辩。关于这一点我们可以从公元 1 世纪罗马修辞学家和教育家昆提利安的《论言说者的教育》一书中得到印证：

> 论辩要想有效力，就必须以确定的事物为基础，因为我们绝不可能用本身也同样有疑问的事物来证明一件不能肯定的事物，还提醒读者有些被当作论据提出来的事物本身需要先被证实，并进一步指出没有比那些能将不确定性转化为确定性的证据更为强有力的证据了。②

这样一来，上述当代中国论辩研究者们关于"事实"所做的基本

---

① 刘亚猛：《当代西方人文学科的范式转换及中国修辞学的发展模式》，《修辞学习》2009 年第 6 期，第 18 页。

② Quintilian Marcus Fabius, *Institutio Oratoria*, H. E. Butler trans. , Cambridge：Harvard University Press, 1920, pp. 5、12、2. 转引自刘亚猛《追求象征的力量——关于西方修辞思想的思考》，生活·读书·新知三联书店 2004 年版，第 67—68 页。

认定似乎无懈可击，合情合理。然而，他们认为"事实"与"雄辩"两者互不相关，"事实"是完全独立于"雄辩"而客观存在的某一状态或情况，未意识到"事实"与"雄辩"两者之间相互依赖的关系，忽略"雄辩"在论辩中所起的积极作用，是不可取的。

我们应该意识到"事实"并非一成不变的客观存在，其外延与内涵在具体的社会、历史语境内总是有争议的。这些争议只有通过相关"意见"的不断交锋，即通过"雄辩"，才有望得到暂时解决。公元前 2 世纪古希腊修辞学家赫尔马格拉斯（Hermagoras）及同一学派的其他修辞学家所提出的"争议点理论"（the *stasis* theory）为"雄辩如何干预事实的确立"这一问题规定了基本的方向和程序。

　　　"争议点理论"以法律修辞为范例，按重要性递减顺序罗列了四个基本争议点：事实、定义、品质和程序的争议。"事实争议点"（issue of fact or conjecture）指的是围绕着事实认定发生的意见冲突，或者说是关于事实的"宣认"（claim）和"反宣认"（counterclaim）之间的对抗。"定义争议点"（issue of definition）是在针对事物的存在或事件的发生不存在争议的情况下，围绕着这一事物或事件的本质属性，围绕着如何界定这一事物或事件，而发生的意见分歧和冲突。如果某一事物（事件）的事实和性质都一清二楚、不容争辩，然而针对影响人们对它的看法和态度的各种相关因素仍有不同意见，就出现了被称为"品质争议点"（issue of quality）的第三种分歧。而当争议的焦点是分歧应该如何处理，例如裁决分歧时所依照的规则、标准是否适用有效、负责裁决的机构是否有足够的权威和能力等，则涉及的是"程序争议点"（issue of procedure）。①

根据这一理论，"雄辩"可以依次从关于事实的表述、定义、品质和程序等四个方面，对事实的确立积极干预，即：

---

　　①　具体请参阅刘亚猛《西方修辞学史》，外语教学与研究出版社 2008 年版，第 77 页。

雄辩对事实的干预可以通过直截了当地对现有事实表述提出异议和质疑，并在此基础上推出自己的不同表述（retelling the story）而实现。这一干预也可以采取间接的手段，通过以下三个基本策略得到实现：（1）给已经被认定、无法更改的事实下一个新的或不同的定义（re-naming the fact）；（2）在讨论该事实的语境内突出强调某些特殊情况和考虑因素（invoking special circumstances）；（3）对现有的讨论所涉事实的组织机构是否具有正确探讨、判断、处理该事实所要求的正当性、有效性和权威性提出质疑和挑战，要求一个全然不同的机构性安排（demanding a radical institutional change）作为对有争议的事实表述作出判断的先决条件。①

毋庸置疑，通过"雄辩"确立"事实"这一做法有其消极的一面，然而，比起通过其他手段，如行政命令、辈分、个人权威等进行事实认证，要合理一些。因此，在具体的论辩交锋中，论辩者应时刻对对方关于某一事件、情况的说法、表述保持警惕性，准确把握哪一表述可以被当作"不可争议的事实"而应该无条件地加以接受；哪些是"可争议的事实"，可以考虑有条件地接受或提出不能接受的理由后予以驳回；哪些充其量只是"事实宣认"（factual claim），不具备"事实地位"，其"事实性"（factuality）还需进一步地确认和担保，因而可以不予接受。否则，一旦对方的"事实宣认"因"异议缺失"（absence of dissention）而自动获得"事实地位"，并在随后的互动中作为确定性的载体充当论辩的出发点，进一步用于支持他的其他论点或立场。此时，如果再对业已确立的事实提出质疑的话，论辩者只得负起全部"举证责任"（burden of proof），即：

　　　　不能简单地表示异议或拒绝接受，而必须按照帕尔曼说的

---

① 刘亚猛：《追求象征的力量——关于西方修辞思想的思考》，生活·读书·新知三联书店 2004 年版，第 64 页。

做，即"提出足够的理由来证明他的怀疑是站得住脚的"，或者按照"争议点理论"制定的策略，退而从定义、品质、程序等角度对该事实提出争议。①

这样一来，在论辩互动中，就会处于被动地位。由此可见，论辩者应重视对方提出的各种"事实宣认"和"事实表述"，而不能一厢情愿地认定"事实就是事实""事实具有不证自明性"，认为与自己认知不一致的表述"不值一驳"。正如刘亚猛所指出的：

> "事实胜于雄辩"是一个在实际应用时成事不足、败事有余的导语（counterproductive）。在西方当代论辩文化的氛围内，它所传达的那种"事实由我垄断"的语气，加上过于自命理直气壮（self-righteous）的口吻，反倒更容易在受众中产生修辞者（rhetor）在词穷时转而诉诸色厉内荏的断言之印象。由它引导出的事实陈述所提及的几乎可以肯定是对方不予认可、受众仍然存疑的所谓"争议事实"（contested facts）。使用这一导语不仅无助于推进自己的立场，反而没有来由地主动承认对方的陈述是雄辩的，从而在修辞上造成更大的自我伤害（self-inflicted rhetorical wound）。②

二　理与势③的对立

当代中国论辩研究强调在论辩实践中应通过"摆事实，讲道理"来论证自己观点的正确性与驳斥对方观点的错误性，用"以理

---

① 刘亚猛：《追求象征的力量——关于西方修辞思想的思考》，生活·读书·新知三联书店 2004 年版，第 74 页。

② 同上书，第 59 页。

③ "势"为由于排列在某一等级系统中的不同位置而获得并且本身足以产生说服效果的"潜在权力"，也就是一般意义上的"权威""威望""影响力""声势"和"气势"。这一定义源于刘亚猛《追求象征的力量——关于西方修辞思想的思考》，生活·读书·新知三联书店年 2004 年版，第 161 页。

服人，不以势压人"来规范和指导论辩者的行为。这一行为准则将
"理"与"势"二元对立，将"势"与强制、逼迫等概念相联系，
忽略"理"与"势"的辩证关系以及"势"在论辩实践中所发挥
的功能，认为列举道理、事实、数据等是使论辩得以顺利进行的唯
一合法途径。然而，在现实生活中，"以理压人"与"以势服人"
这两种现象广泛存在着。帕尔曼和奥尔布莱卡特—泰特卡阐述"普
世受众""普世价值"这两个重要概念在论辩中如何起作用时，论
辩者所祭出的"取消桀骜不驯者的【对话】资格"这一策略清楚地
表明了"以理压人"的可能性，即论辩者通过这种"普世诉求"，
为自己的论证营造一种具有"基于理性的不证自明性"氛围，表明
自己是在向一个普世的而不是个别的受众提出论辩，这样一来，

> 受众成员"有关论点是否可以被接受的思考就将由于所面对
> 的是使人不得不服膺的真理而似乎被暂停，论辩过程不再起作用
> 了。作为个人的受众成员虽然有思考和选择的自由，却顺从于理
> 性的强制性限制，听任理性剥夺了他【对论辩】存疑的一切可
> 能"。……少数受众成员如果对论据的真实性或客观性不予认可，
> 这些人就等于将自己置身于修辞者认定的"普世受众"之外，马
> 上就感到有被打入非理性、弱智、无知者的另册，被取消对话资
> 格的危险。①

　　另外，出于对论辩者所拥有的某种威望或权威的尊重、信任，受
众完全有可能在其并未提出理由之时，就"心悦诚服"地接受了他
的结论或者观点。如，当某一领域的专家、学者和外行人讨论有关该
领域的某一问题时，"以势服人"的情况就特别容易发生。
　　由此可见，"理"与"势"作为论辩手段，在具体的论辩实践之
中本身并无优劣之分，关键在于论辩者能否根据特定的情境、目的、

---

　　① 刘亚猛：《追求象征的力量——关于西方修辞思想的思考》，生活·读书·新知三
联书店年 2004 年版，第 115—116 页。

受众等因素合理利用它们，以便达到论辩目的。

三 论辩语境的预设

在当代中国论辩研究中，学者们虽对"论辩活动广泛存在于人类社会生活的各个领域之中"这一命题有一定认识，然而，在具体的论述中，关于论辩的论著或者研究最终基本都归于对"辩论赛"这一特殊论辩形态的论述，对我们在第一章第三节中提到的其他论辩类型与论辩形式鲜有论及。由此可见，当前中国论辩研究所预设的论辩语境具有局限性。

辩论赛是将论辩作为一种比赛项目进行的，其形式与程序都有严格的规定，如参赛双方的人数以及他们的发言顺序、发言时间等都有严格的规定。论辩双方通过抽签决定各自的观点，抽到的观点即使与自己的真实观点相悖，也必须努力扮好自己的辩论角色，具有模拟性或者假想性，是为了"论辩而论辩"，并不是旨在于"通过双方不同观点、意见的言语交锋，而解决论辩双方之间所存在的意见分歧"，只是为了"求胜"。这样一来，辩论赛与在日常生活中发生在其他领域的论辩实践几乎完全不同。因此，当代中国论辩研究者们针对辩论赛这一特殊论辩形态所提出和倡导的论辩规范必然脱离了现实生活中所发生的论辩实践提出的论辩要求。由于讲授的论辩规范脱离实际，学生在学校所得到的各种针对辩论赛的论辩训练，不仅会经常与现实世界对他们提出的论辩要求不相关，在不少情况下甚至还可能帮了倒忙。各地高中和高校所教授的辩论科学、提供的辩论训练与现实生活中所发生的论辩实践所提出的要求极有可能完全不相关。

真正的论辩研究应该关注真实鲜活的论辩实践，应积极回应当代论辩实践提出的问题。唯有这样，所构筑的论辩规范和实践模式才能获得对现实生活中论辩实践的解释能力和干预能力。

第二节　当代中国论辩研究在"修辞学"
范畴内的构筑

当代中国论辩研究强调超越具体语境、目的和受众的"逻辑性"，将"事实""真理"等作为推理的基础，误将"论辩"等同于"论证"。然而，这两者之间存在着本质区别：（1）论辩旨在说服对方接受自己的观点，达成共识，解决彼此之间的意见分歧，以或然性和不确定性为基础，而论证以发现和探寻真理为目的，致力于追求必然性和确定性；（2）论辩针对特定受众，因受众而异，而论证是针对一切人的，所以恒定不变；（3）论辩以双方普遍接受的意见或者观点为论辩的出发点，而论证必须以确定无疑的"知识""真理"等为推理的基础。不管是从我国古代先秦论辩思想还是当代西方论辩理论看，我们都应该力求在修辞的框架内发展中国当代的论辩研究。因此，本节在"修辞学"的范畴内从三个方面构筑当代中国的论辩规范和实践模式。

一　关于论辩目的的解读与构筑

正如第一章的论述所显示的，当代中国论辩研究者们几乎一致认为论辩的目的即以事实为根据，通过论证与反驳等推理过程，探求真理，揭露谬误。之所以这样，是因为他们仍然坚信"人类有关世界的知识是立足于不容置疑的信念"以及"真理"与"事实"具有超越具体语境的"普世性"与"永恒性"，没有意识到"真理""事实"等概念的动态性与具体性本质。这一观点不仅剥夺了情感、人格等因素在论辩中充当有力论辩资源的作用，还将论辩从一个牵涉到论辩双方、语言和语境的社会互动过程简化为个体的心理和思维过程。这样一来，论辩不再服务于通过"可信意见"形成"信念"进而产生说服效果这一根本目的，转而致力于通过"正确思维"获取"真知灼见"。这一观点在当代西方有关论辩的主流论述中虽然早已过时，但当代中国的论辩研究者们仍然将其奉为"最高准则"。

其实，论辩的目的在于通过话语说服受众，或者影响受众对论点的信奉程度。产生特定的说服效果①是论辩者从事论辩活动的根本目的，这与西方修辞学界关于"修辞"的定义与本质②所取得的基本共识有异曲同工之妙。由此可见，论辩是一种特殊的修辞样式（pattern），即以社群或公众所认定的"事实"和普遍接受的"意见"——而不是以哲学意义上的"事实"或"真理"——作为推理的基础，从不追求超越具体语境、特定目的、受众等因素的"普世"或"必然"真理。这样一来，论辩同修辞一样充满了"吊诡性"（paradoxicality）：既以尽力说服对方，消除彼此之间的意见分歧，达成共识为目的，又因为所提供的论证具有"或然性"和"不确定性"而总是为下一轮的论辩提供分歧点。

二　关于论辩双方关系的解读与构筑

不论是中国古代的论辩思想，还是当代的论辩研究，论辩双方之间的关系这一根本论辩关系都受到了研究者们的重视，如韩非子提出的"不触逆鳞"之说；当代中国论辩研究者们对这一关系的基本认定是平等关系，应相互尊重、真诚对待彼此。这两种说法都有一定的合理性，前者在于为了实现论辩（或者进谏）的目的，论辩者应努力"顺应"或者"适应"对方的需求；后者貌似更符合交流的伦理原则，更利于我们构建"民主""和谐"的当代政治文明。

可是，论辩作为社会实践，参与者之间存在着事关彼此利害关系

---

① "说服效果"可以分为两种：一为通过说服手段的运用影响受众的态度，改变受众对一个主张的赞许（反对）程度；二为将受众在认知和态度上的变化转化为采取相应行动的心态和意向。后者更难达到一些。

② 尽管西方学术界关于"修辞"的定义见仁见智，在不同的历史时期对其有不同的理解与定义，但最有影响力的有以下三种，分别是基于亚里士多德的"说服艺术"（art of persuasion），基于昆提利安的"良言学"（science of speaking well），基于肯尼斯·伯克的"通过象征手段影响人们的思想、感情、态度、行为的一门实践"（the practice of influencing thought, feelings, attitude and behaviour through symbolic means）。参见刘亚猛《追求象征的力量——关于西方修辞思想的思考》，生活·读书·新知三联书店 2004 年版，第 2 页。

的冲突、分歧①。论辩实践者作为社会成员，他们需要通过言语对对方施加影响，最大限度地消除他们之间的意见分歧，彼此之间尽快达成共识，迅速协调彼此的行动，从认知或者行为上以实现对对方的"支配"。因此，他们是否真的能够做到平等交流，真诚倾听、欣赏、理解彼此的不同观点，尤其是当所涉利害关系非同小可的时候？任何不理会这些基本事实和情况的"关系模式"，都不可避免地与现实论辩实践脱节。由此可见，当代中国论辩研究者们关于论辩双方关系的基本认定其中所包含的理想成分明显大于现实主义成分。然而，正如刘亚猛对埃墨伦和格鲁登道斯特的"论辩十诫"所评介的那样，

> 理想主义的修辞伦理观毕竟与乌托邦式的空想不一样，理想化的互动规范和程序一旦深入人心，转化为公众对交流者行为方式的期待以及这种期待造成的压力，也能够影响整个社会的修辞实践，从而发挥积极效果。②

这样一来，论辩双方的关系就变得复杂起来。首先，根据帕尔曼关于"受众"的定义，即"说者有意通过自己的论辩加以影响的所有那些人构成的一个组合"③，我们可以得出受众的本质特征，即

> 其成员对某一件事的意见、观点、态度、决定等是修辞者十分在乎并力图影响的。在作为修辞起因的那一件事情上，他们拥有可以满足修辞者的愿望和需要以及使这一愿望和需要落空的权力。④

---

① 这一分歧是论辩得以产生与存在的前提条件。

② 刘亚猛：《西方修辞学史》，外语教学与研究出版社 2008 年版，第 311—312 页。

③ Perelman Chaim and L. Olbrechts-Tyteca, *The New Rhetoric: A Treatise on Argumentation*, Notre Dame: University of Notre Dame Press, 1969, p. 19.

④ 刘亚猛：《追求象征的力量——关于西方修辞思想的思考》，生活·读书·新知三联书店 2004 年版，第 136 页。

因为论辩是一种特殊的修辞样式，这里完全可以用"论辩"代替"修辞"。这样一来，受众（也可称为论辩对方，或者驳论者）相对于论辩者（也可称为立论者）而言，是拥有权利的一方。既然诉诸论辩这一交流形式，就表明受众对于论辩者所提出的观点或者表述拥有说"不"的权利。鉴于此，论辩者为了能够完成论辩的根本任务，即促使受众改变自己原来的看法、态度或行为，消除他们之间存在的分歧，按他的意图行事，有必要根据受众的具体情况采取各种说服手段①，更应该根据具体论辩形势的需要，对受众"软硬兼施"。"认同与施压"是论辩实践者争取受众最常用的两种手法。

认同并不等同于一味地"顺应""适应"。究其本质，它只不过是一种策略或手段，是成功进行说服的必要条件之一，即论辩实践者在某些方面认同、适应或者顺应受众的某些看法或者感受，只是为了能够成功地说服受众在某一关键问题上按照自己的意愿行事而已。对于这一观点论述最为精辟、最为透彻的应属当代修辞学家肯尼斯·伯克（Kenneth Burke）关于"认同"（identification）概念的论述：

> 只有当我们能够讲另外一个人的话，在言辞、姿势、声调、语序、形象、态度、思想等方面做到和他并无二致。也就是说，只有当我们认同这个人的言谈方式时，我们才能说得动他。……通过遵从受众的"意见"，我们就能显露出和他们一体的"征象"（signs）。例如，演说者为了赢取受众的善意就必须显露出（为受众所认同的）性格征象。毋庸讳言，修辞者可能必须在某一方面改变受众的意见，然而这只有在他和受众的其他意见保持一致时才办得到。遵从他们的许多意见为修辞者提供了一个支点，使他可以撬动受众的另外一些意见。②

---

①　我们将在下一部分展开关于"说服手段"的讨论。

②　Kenneth Burke, *A Rhetoric of Motives*, Berkeley：University of California Press, 1969, pp. 55–56. 转引自刘亚猛《追求象征的力量——关于西方修辞思想的思考》，生活·读书·新知三联书店2004年版，第110—111页。

施压在真实的论辩实践中，论辩者为了影响并说服受众按照自己的目的、意图行事，必然施展出自己的浑身解数，通过运用修辞手段和技巧在事实上"剥夺"受众享有的选择自由的自由。例如，论辩者通过尽量宣扬如果不照他说的办将会有何等严重的社会、经济、政治后果，将会造成多么可怕的道德沦丧等策略，在心理上对受众施加最大限度的压力，迫使受众"就范"。有关这一策略最经典的阐述是帕尔曼和奥尔布莱希特—泰特卡讨论"普世受众"在论辩中如何起作用时提出的一些观点。

帕尔曼认为，尽管"普世受众"的普世诉和一致性只是论辩者想象出来的，但每个人都可以根据他对周围其他人的了解，在设法超越他感觉得到的某些差异的前提下，构筑起他自己的"普世受众"。每一个人，每一种文化，于是都有他/它自己的"普世受众"，但是，一旦论辩者表明：他是在向一个普世的而不是特别的受众提出自己的论辩。这样做意味着论辩者针对受众提出的道理、论据、证据和论证本身不仅对眼前具体、特定的受众成员，而且对过去、现在、将来、任何地方的所有有理性的、通达事理的人都是站得住脚的。真实的受众如果对这些论据所包含的事实性、真实性不持异议，承认他们的普世性，从而在事实上认同于论辩者构筑并投射出的那一个"普世受众"，他们也就等于接受了论辩者提出的观点。少数受众成员如果对论据的真实性或客观性不予认可，这些人就等于"自外于"由富有理性的人构成的这个"普世群体"的受众成员，论辩者"总可以祭出'取消桀骜不驯者的对话资格'（disqualifying the recalcitrant）这一策略，将他打入愚昧或反常的那一类"①。

当然，受众从论辩者那儿感受到的压力在程度上可以有很大的差别，在形式上也多种多样。当代著名论辩学家、语用—辩证学派创始人弗朗斯·凡·埃墨伦和罗伯·格鲁登道斯特对此有深刻的分析和精

---

① Perelman Chaim and L. Olbrechts-Tyteca, *The New Rhetoric: A Treatise on Argumentation*, Notre Dame: University of Notre Dame Press, 1969, pp. 31 – 33.

到的见解。他们认为，施压可以通过公然的威胁，也就是所谓"诉诸棍棒的论辩（argumentum ad baculum）来进行"，也可以通过"诉诸同情的论辩（argumentum ad misericordian）"①。

由此可见，论辩者与受众之间的关系错综复杂，而不是简单固定的。论辩者所面对的受众千差万别，面临的论辩形势不尽相同，主张简单地按照字面理解"平等""真诚"等的含义，并严格遵照这一"平等原则"从事论辩理论的构筑和实践活动，在大多数情况下无助甚至有碍于论辩目标的实现。任何论辩理论，如果不能将论辩行为发生的具体语境考虑在内，其结论最多只能是部分正确。

三　关于论辩手段的解读与构筑

当代中国论辩研究强调在具体的论辩实践中应"以理服人"，通过"摆事实、讲道理"和严谨的逻辑推理，来论证自己观点的正确性，驳斥对方观点的谬误性。由此可见，他们所谓的"论辩手段"主要基于"逻辑推理"，并未意识到言语、情感、人格等因素在论辩说服过程中所起的关键作用。

亚里士多德早已意识到这一点，在谈到修辞者进行说服，或者从事修辞活动时，他将修辞资源一分为三：道理（logos）、情感（pathos）和修辞人格（ethos）②。道理是指语言本身所具有的说服力；情感指修辞者设法使受众成员进入最有利于说服工作获得成功的感情状态；修辞人格指修辞者展示出一种能赢得受众的尊重和信赖，对他们具有感召力的人格，并利用这一人格所具有的威信来影响他们的决定。然而，在具体谈到说服手段（means of persuasion）时，亚氏首先提及的不是"理"或者"情"，而是"威"，即修辞者的人格威信，并将其看成是事关说服成败的一个决定性因素。关于修辞人格，他这

①　Eemeren Frans H. van and Rob Grootendorst, *Argumentation, Communication, and Fallacies: A Pragma-Dialectical Perspective*, Hillsdale: Lawrence Erlbaum Associates, 1992, p. 110.

②　关于这三种修辞资源的具体论述请参照刘亚猛《追求象征的力量——关于西方修辞思想的思考》，生活·读书·新知三联书店 2004 年版，第 164—165 页。

样评论道:

> 当演说(在听众中)产生对演说者的信任感时,说服通过人
> 格得到实现。一般地说,不管讨论的话题是什么,公道的人(跟
> 其他演说者比起来)总是更迅速地赢得我们更大的信任。如果关
> 于所讨论的话题尚无确切知识,因而仍然有存疑的空间时,(这
> 样的演说者)更将赢得我们完全的信任。(对演说者的信任)必
> 须源于演说,而不是源于演说之前业已存在的有关演说者人格的
> 看法。有些修辞手册的作者在讨论修辞艺术时认为,演说者为人
> 的公允平实对于演说的说服力没有什么影响。事实正相反。人格
> 对于说服几乎可以说是起支配作用的因素。①

这一论述有两点对我们特别有启示:一方面,在修辞活动或修辞
事件中,修辞人格对于能否成功完成修辞者的修辞目的起支配性作
用;另一方面,修辞人格并不是修辞者的个人人格在修辞事件或活动
中的真实再现,而应是修辞者通过自己的言辞在修辞过程中构筑和投
射出的人格形象。

亚里士多德关于修辞人格的这一论述得到了古罗马理论大家西塞
罗和昆提利安的赞同。西塞罗认为在法律修辞实践中温和的语调、谦
恭的表情、平顺的语言,以及对自己的意愿隐真示假的能力对辩护者
特别有用,显露出具有敦厚、良善、平静、忠实,以及不躁不贪等品
德的样子特别有助。辩护者如果不按照具体修辞形势和修辞意图的要
求营造一个最有利于说服内定目标受众的形象,而仅满足于通过自己
真实人格的自然流露形成修辞人格,是不足以说动目标受众的。昆提
利安虽然强调修辞是道德修养和语言使用技巧的统一(a good man
speaking well),但谈及具体的修辞实践,他又不能不承认,修辞人格

---

① Aristotle, *On Rhetoric*: *A Theory of Civic Discourse*, George A. Kennedy trans. , New York:
Oxford University Press, 1991, p. 38. 转引自刘亚猛《追求象征的力量——关于西方修辞思想
的思考》,生活·读书·新知三联书店 2004 年版,第 166 页。

的主要表达价值在于：使修辞者所说的一切听上去都像是直接源于所涉事物和人物的本质，并且都像是修辞者本人性格的不加掩饰的袒露①。

这三种说服手段同样也可以为论辩者所运用。论辩者应根据具体的论辩形势或目的的要求，对受众进行分析，然后选择或利用语言系统本身的"道理"对受众"晓之以理"，或将受众置于有利于实现自己论辩目的的某种特定的情感状态，对其"动之以情"，或构筑一种"像是"自己真实人格自然流露的修辞人格，对受众"感之以威"。唯有这样，论辩者才有可能实现自己既定的目的，达到较好的论辩效果。因此，论辩与"道理""感情状态""修辞人格"、特定的受众和具体的论辩形势、特定的论辩目的之间的复杂关系绝非仅仅依靠"摆事实、讲道理"等逻辑推理规则这一单一论辩手段所能解释清楚的。它不足以应对和解释现实生活中复杂的论辩实践。

第三节　本章小结

当代中国学术界对论辩的研究存在着历史、理论视野狭隘，理论探索观念陈旧、脱离社会现实实践，观念基础薄弱以及在此基础上所形成的关于论辩的基本设定似是而非等严重问题。

通过系统梳理当代中国论辩研究的现状，从历时及跨文化这纵横两个维度对其进行比较研究，揭示出当代中国论辩研究中存在的三个误区："事实"与"雄辩"的关系；"理"与"势"充当论辩手段的合法性问题；所预设的论辩语境的局限性，过于关注"辩论赛"这一特殊论辩形态。通过解构这几个基本认定，我们进一步揭示出重构当代中国论辩规范与实践模式时应认识到"论辩是一种特殊的修辞样

---

① H. E. Butler trans., Cambridge: Harvard University Press, Quintilian Marcus Fabius, Institution Ortoria, 1920, pp. 13 – 14. 转引自刘亚猛《追求象征的力量——关于西方修辞思想的思考》，生活·读书·新知三联书店 2004 年版，第 173—175 页。

式"，应以"修辞学"为范畴重新构筑论辩目的、论辩双方的关系与论辩手段等论辩理论的基本范畴，进而促进我国的修辞研究。同时，还应意识到真正的论辩研究应该关注真实鲜活、不断变化中的论辩实践，应积极回应当代论辩实践提出的问题。唯有如此，所构筑的论辩规范和实践模式才能获得对现实生活的解释能力和干预能力，才能彰显出它所应具有的巨大社会功效。

第五章

结　　论

　　论辩作为一种非暴力言语手段，是解决意见分歧、化解社会矛盾、协调群体行动、产生学术话语的最佳手段。因此，此研究对于构建和谐社会、促进我国学术健康发展的重要性自不待言。但是，论辩研究在我国尚未得到充分开展，不仅研究规模和投入都太小，而且理论探索存在着观念陈旧、脱离实际等问题。关于论辩的种种似是而非的观念仍然大行其道。本选题顺应时代要求，对当代中国论辩研究从纵横维度、历时与共时、文化内与跨文化并举的方法进行比较和批评，以期在此基础上为这一重要领域的健康发展勾勒出一个更有建设性的观念体系和理论框架。

　　当代中国论辩研究主要形成了以下基本设定：（1）认为逻辑是论辩的灵魂，倾向于将论辩等同于逻辑学中所讲的"论证"和"反驳"，强调逻辑推理、逻辑规律在论辩中的作用；（2）认为论辩要"以理服人"，不能"以势压人"，将"理"与"势"二元对立，肯定前者，否定后者。唯理至上，将"诉诸权威""诉诸人格"等论辩手段视为谬误；（3）认为"事实胜于雄辩"，强调"事实"在论辩中的所用；（4）对"真理""谬误"等概念作"去语境化"处理，忽略它们的动态性、非永恒性等本质特点，认为论辩的目的是探寻真理，揭露谬误；（5）认为论辩双方应呈现平等、真诚的关系；（6）当前中国关于"辩论学""论辩原理"等的构筑，最初的出发点与最终的落脚点都是关于辩论赛的研究，对发生在其他领域中的其他论辩形态几乎没有涉及。上述基本认定首先忽略了雄辩对构筑事实、确立事实宣认所具有的积极作用，而且忽略了情感、人格、价值等因素在论辩中的作用，未能意识到"道理"与"权威"表现形式的多样性与复杂性，只是将二者简单地予以对立。其次，对发生在具体情境中的论辩实践至关重要的"语境""效果""目的""受众"等因素的特定性鲜有论及。因此，意识不到作为具体的论辩实践只能取得阶段性的共识，而不是永恒的真理。再次，将论辩双方的关系"理想化"，忽略了论辩活动涉及论辩双方的切身利益这一现实状况。最后，过于关注论辩赛这一高度形式化与程序化的模拟论辩形式，使当代中国论辩思想的构筑脱离论辩实践，落后于现实论辩实践的要求。

当前中国论辩研究中存在的种种问题主要是由以下两个原因造成的：一是历史视野狭隘。当代中国论辩研究未能按照时代要求重新整理与反思中国传统论辩思想；二是理论视野狭隘。在全球化的新语境下，当代中国论辩研究未能积极引进、吸收、融合当代西方的主流论辩理论，为构筑有中国特色、与中国论辩实践相适应的论辩理论提供参照。本选题正是针对上述存在问题，引进历时及跨文化两个视角对当代中国的论辩研究现状进行比较研究，积极构筑一个有中国特色的论辩理论体系。不管是植根于我国先秦时期的论辩思想，还是积极借鉴当代西方的主流论辩理论，我们都应该力求在修辞的框架内发展我国当前的论辩研究，认识到"论辩是一种特殊的修辞样式"，以"修辞学"为范畴重新构筑论辩目的、论辩双方的关系与论辩手段等论辩理论的基本范畴。同时，还应意识到真正的论辩研究应该关注真实鲜活、不断变化中的论辩实践，应积极回应当代论辩实践提出的问题。唯有如此，所构筑的论辩规范和实践模式才能获得对现实生活的解释能力和干预能力，才能彰显出它所应具有的巨大社会功效。

本研究顺应时代要求，具有突出的当代社会文化相关性。首先，本研究所构建的论辩规范和实践模式，并非"盲目"引进西方的论辩理论，而是通过梳理我国古代论辩思想，发掘我国论辩传统的独特性，将其融入论辩规范和实践模式的构筑之中，这对于文化的"自我性"建设具有积极意义。其次，本研究所构筑的论辩模式也积极引进当代西方的主流论辩理论，而不是在西方早已过时的现代主义逻辑体系，为当代如何在复杂的语境下按照时代要求重构中国论辩规范和实践模式提供理论指导。唯有意识到西方有其历史悠久的雄辩传统、论辩实践、劝说模式。这些传统、实践、模式具有深层规范功能，决定什么样的说法在什么情况下是在理的，如何使用修辞资源才能收到最大效果而又不逾矩，才能更好地融入国际"对话"，提高我国的"软性权力"（soft power）。再次，对当代西方的主流论辩理论进行系统梳理，揭示出论辩研究在当代西方话语研究，尤其是修辞研究中占有的重要地位，不仅能促进国内修辞学界重新审视论辩与修辞的关系，在修辞范畴内研究论辩，拓展国内修辞学界的研究范围；而且能促进国内学术界重新思考学术知识的"论辩本质"，意识到论辩不仅是学术话语合法的生成手段，而且是学术发展与创新的驱动力。唯有意识到各种观点的雄辩本源，掌握其生成规律，分析其论辩情境、论辩目的和论辩手段等，才能在中西方学术交流中避免盲目迷信，发扬批判精神，逐步参与并影响国际话语和知识的生产过程。最后，本研究还有助于我们重新审视论辩教育的作用与地位、如何提升大众的论辩意识与修辞意识等现实问题。此外，所构筑的论辩规范和实践模式对日常生活的论辩实践具有理论指导意义，使人们的论辩活动"有法可依"。

参考文献

1. Aristotle, *On Rhetoric*: *A Theory of Civic Discourse*, George A. Kennedy trans. , New York: Oxford University Press, 1991.

2. Baker George Pierce, *The Principles of Argumentation*, Boston: Ginn & Company, 1895.

3. Baker George Pierce, *Specimens of Argumentation* 2nd ed. , New York: Henry Holt and Company, 1897.

4. Baker George Pierce and Henry Barrett Huntington, *The Principles of Argumentation (Revised and Augmented)*, Boston: Ginn & Compamy, 1905.

5. Blair J. A. and Ralph H. Johnson eds. , *Informal Logic*: *The First International Symposium*, Inverness: Edgepress, 1980.

6. Blair J. A. and Ralph H. Johnson, "The Current State of Informal Logic", *Informal Logic*, Vol. 9, No. 2, 1987, pp. 147 – 151.

7. Bonevac Daniel, "Pragma-dialectics and Beyond", *Argumentation*, Vol. 17. No. 4, 2003, pp. 451 – 459.

8. Buck Gertrude, *A Course in Argumentative Writing*, New York: Henry Holt and Company, 1901.

9. Kenneth Burke, *A Rhetoric of Motives*, Berkeley: University of California Press, 1969.

10. Copi Irving M. , *Informal Logic*, New York: Macmillan, 1986.

11. Crable Richard E. , *Argumentation as Communication*: *Reasoning with Receivers*, Columbus: Merrill, 1976.

12. Damer T. E. , *Attacking Faulty Reasoning* 2nd ed. , Belmont: Wad-

sworth, 1987.

13. Dearin Ray D. , "Perelman's 'Quasi-Logical Argument': A Critical E-laboration", J. Robert Cox and Charles Arthur Willard eds. , *Advances in Argumentation Theory*, Carbondale: Southern Illinois Press, 1982.

14. Eemenren Frans H. van, *Strategic Maneuvering in Argumentative Discourse*, John Benjamins Publishing Company, 2010.

15. Eemenren Frans H. van and Rob Grootendorst, *Speech Acts in Argumentative Discussions: A Theoretical Model for the Analysis of Discussions Directed Towards Solving Conflicts of Opinion*, Dordrecht: Foris Publications, 1984.

16. Eemeren Frans H. van and Rob Grootendorst, *Argumentation, Communication, and Fallacies: A Pragma-Dialectical Perspective*, Hillsdale: Lawrence Erlbaum Associates, 1992.

17. Eemeren Frans H. van and Rob Grootendorst, *A Systematic Theory of Argumentation: The Pragma-Dialectical Approach*, Cambridge: Cambridge University Press, 2004.

18. Eemenren Frans H. van, Rob Grootendorst, et al. , *Handbook of Argumentation Theory: A Critical Survey of Classical Backgrounds and Modern Studies*, Dordrecht: Foris Publications, 1987.

19. Eemeren Frans H. van, R. Grootendorst, et al. , *Reconstructing Argumentative Discourse*, Tuscaloosa: University of Alabama Press, 1993.

20. Eemenren Frans H. van, Rob Grootendorst, et al. , *Fundamentals of Argumentation Theory: A Handbook of Historical Backgrounds and Contemporary Developments*, Mahwah: Lawrence Erlbaum Associates, 1996.

21. Ehninger D. and W. Brockriede, *Decision by Debate*, New York: Dodd, Mead, 1963.

22. Fossil Sonja K. , Karen A. Foss, and Robert Trapp, *Contemporary Perspectives on Rhetoric*, Illinois: Waveland Press, 1985.

23. Freeley Austin J. , *Argumentation and Debate: Rational Decision Making*, Belmont: Wadsworth, 1976.

24. Freeman J. B. , *Thinking logically*: *Basic Concepts for Reasoning*, New Jersey: Prentice Hall, 1988.

25. Geisz Steven F. , "MengZi Strategic Language, and the Shaping of Behavior", *Philosophy East and West*, Vol. 58, No. 2, April 2008, pp. 190 – 220.

26. Goodnight G. Thomas, "Legitimation inferences: An Additional Component for the Toulmin Model", *Informal Logic*, Vol. 15, No. 1, 1993, pp. 41 – 52.

27. Govier T. , *A Practical Study of Argument*, Belmont: Wadsworth, 1985.

28. Govier T. , *Problems in Argument Analysis and Evaluation*, Dordrecht: Foris Publications, 1987.

29. Grimes William, Stephen Toulmin, a Philosopher and Educator, Dies at 87. *New York Times*, (http://www. nytimes. com/2009/12/11/education/11 toulmin. html).

30. Gulley Halbert E. , *Discussion*, *Conference and Group Process*, New York: Holt Rinehart and Winston, 1960.

31. Hitchcock David, "The Significance of Informal Logic for Philosophy", *Informal Logic*, Vol. 20, No. 2, 2000, pp. 129 – 138.

32. Hitchcock David, "Obituary: Stephen Edelston Toulmin", *Argumentation*, Vol. 24, No. 3, May 2010, pp. 399 – 401.

33. Isocrates, "Antidosis", Patricia Bizzell and Bruce Herzberg eds. , *The Rhetorical Tradition*: *Readings from Classical Times to the Present*, Boston: Bedford Books, 1990, pp. 50 – 54.

34. Johnson R. H. , "Making Sense of 'Informal Logic'", *Informal Logic*, Vol. 26, No. 3, 2006, pp. 231 – 258.

35. Johnson R. H. and J. A. Blair, *Logical Self-defense*, New York: McGraw-Hill, 1994.

36. Jonsen Albert R. and Stephen Edelston Toulmin, *The Abuse of Casuistry*: *A History of Moral Reasoning*, Berkeley: University of California

Press, 1988.

37. Kahane Howard and Nancy Cavendar, *Logic and Contemporary Rhetoric: The Use of Reasoning in Everyday Life* 8th ed. , Belmont: Wadsworth, 1997.

38. Ketcham Victor Alvin, *The Theory and Practice of Argumentation and Debate*, New York: Macmillan, 1915.

39. Laycock Craven and Albion Keith Spofford, *Manual of Argumentation*, New York: Macmillan, 1906.

40. Lewis Albert L. , "Stephen Toulmin: A Reappraisal", *Central States Speech Journal*, Vol. 23, No. 1, 1972, pp. 48 – 55.

41. Littele J. F. , L. A. Groarke, and C. W. Tindale. *Good Reasoning Matters*, Toronto: McLelland & Stewart, 1989.

42. Loui Ronald P. , "A Citation-Based Reflection on Toulmin and Argument", *Argumentation*, Vol. 19, No. 3, December 2005, pp. 259 – 266.

43. MacEwan Elias J. , *The Essentials of Argumentation*, Boston: D. C. Heath & Company, 1899.

44. McPeck J. , *Critical Thinking and Education*, Oxford: Martin Robertson, 1981.

45. Miller Gerald R. and R. Nilsen Thomas eds. , *Perspectives on Argumentation*, Chicago: Scott, Foresman, 1966.

46. Mills Glen E. , *Reason in Controversy: On General Argumentation*, Boston: Allyn and Bacon, 1968.

47. O'Grady Jane, Stephen Toulmin obituary, *Guardian*, (http: // www. guardian. co. uk/theguardian/2010/jan/10/stephen-toulmin-obituary).

48. Pattee George K. , *Practical Argumentation*, New York: The Century Co. , 1909.

49. Perelman Chaim, "Une Conception de la Philosophie", *Revue de l' Institut de Sociologie*, Vol. 20, No. 1, 1940, pp. 39 – 50.

50. Perelman Chaim, *The Realm of Rhetoric*, Notre Dame: University of

Notre Dame Press, 1982.

51. Perelman Chaim and L. Olbrechts-Tyteca, *The New Rhetoric*: *A Treatise on Argumentation*, Notre Dame: University of Notre Dame Press, 1969.

52. Perry Frances M. , *An Introductory Course in Argumentation*, New York: American Book Company, 1906.

53. Phelps Edith M. ed. , *Debater's Manual* 4th ed. , New York: The H. W. Wilson Company, 1922.

54. Pinto R. C. , "Logic, Epistemology and Argument Appraisal", R. H. Johnson and J. A. Blair eds. , *New Essays in Informal Logic*, Windsor: Informal Logic, 1994, pp. 116 - 224.

55. Quintilian Marcus Fabius, *Institutio Oratoria*, H. E. Butler trans. , Cambridge: Harvard University Press, 1920.

56. Rescher N. , *Introduction to Logic*, New York: St. Martin's Press, 1964.

57. Rieke Richard D. and Malcolm O. Sillars, *Argumentation and the Decision-Making Process*, New York: John Wiley, 1975.

58. Scriven M. , *Reasoning*, New Yourk: McGraw-Hill, 1976.

59. Scriven M. , "Probative Logic: Review and Preview", Frans H. van Eemeren, et al. eds. , *Argumentation*: *Across the Lines of Discipline*. Dordrecht: Foris, 1987, pp. 7 - 32.

60. Seech Z. , *Open Minds and Everyday Reasoning*, Belmont: Wadsworth, 1993.

61. Siegel H. , *Educating Reason*: *Rationality, Critical Thinking and Education*, New York: Routledge, 1988.

62. Snoeck Henkelmans A. F. , *Analysing Complex Argumentation*: *The Reconsturction of Multiple and Coordinatively Compound Argumentation in a Critical Discussion*, Amsterdam: Sic Sat, 1992.

63. Tannen Deborah, *The Argument Culture*: *Moving from Debate to Dialogue*, New York: Random House, 1998.

64. Toulmin Stephen Edelston, *Human Understanding*, Princeton, N. J. :

Princeton University Press, 1972.

65. Toulmin Stephen Edelston, *Cosmopolis*: *The Hidden Agenda of Modernity*, New York: Free Press, 1990.

66. Toulmin Stephen Edelston, *Return to Reason*, Cambridge, MA: Harvard University Press, 2001.

67. Toulmin Stephen Edelston, *Uses of Argument*. Cambridge: Cambridge University Press, 2003.

68. Toulmin Stephen Edelston, Richard Rieke, and Allan Janik. *An Introduction to Reasoning*, New York: Macmillan, 1979.

69. Walton Douglas N. , *Informal Logic*: *A Handbook for Critical Argumentation*, Cambridge: Cambridge University Press, 1989.

70. Walton Douglas N. , "What is Reasoning? What is an Argument?", *The Journal of Philosophy*, Vol. 87, No. 8, 1990, pp. 399 – 419.

71. Walton Douglas N. , *Fundamentals of Critical Argumentation*, Cambridge: Cambridge University Press, 2006.

72. Walton Douglas N. and Erik C. W. Krabbe, *Commitment in Dialogue*: *Basic Concepts of Interpersonal Reasoning*, Albany: State University of New York Press, 1995.

73. Weinstein Mark, "Towards a Research Agenda for Informal Logic and Critical Thinking", *Informal Logic*, Vol. 12, No. 3, 1990, pp. 121 – 143.

74. Weinstein Mark, "Towards an Account of Argumentation in Science", *Argumentation*, Vol. 4, No. 3, 1990, pp. 269 – 298.

75. Windes Russell R. and Arthur Hastings, *Argumentation and Advocacy*, New York: Random House, 1965.

76. Wilson John F. and Carroll C. Arnold, *Public Speaking as a Liberal Art*, Boston: Allyn and Bacon, 1964.

77. [荷] 弗朗斯·凡·爱默伦、汉克曼斯：《论辩巧智：有理说得清的技术》，熊明辉、赵艺译，新世界出版社 2006 年版。

78. [荷] 弗朗斯·凡·爱默伦、罗布·荷罗顿道斯特：《论辩交际谬误》，施旭译，北京大学出版社 1991 年版。

79. ［荷］弗朗斯·凡·爱默伦、罗布·荷罗顿道斯特：《批评性论辩——论辩的语用辩证法》，张树学译，北京大学出版社 2002 年版。

80. ［美］奥斯丁·J. 弗里莱：《辩论与论辩》，李建强等译，河北大学出版社 1996 年版。

81. 曹美菊：《口才·逻辑·语言》，湖南师范大学出版社 2000 年版。

82. 陈孟麟：《墨辩逻辑学》，齐鲁书社 1983 年版。

83. 陈雪良：《墨子答客问》，上海人民出版社 1997 年版。

84. 陈准、周建设：《实用论辩艺术》，湖南科学技术出版社 1990 年版。

85. 崔春：《语言与交际》，浙江大学出版社 2006 年版。

86. 崔清田：《墨家辩学研究的回顾与思考》，《南开学报》（哲学社会科学版）1995 年第 1 期。

87. ［比］戴卡琳：《解读〈鹖冠子〉——从论辩学的角度》，杨民译，辽宁教育出版社 2000 年版。

88. 戴希培：《形式逻辑引论》，黑龙江教育出版社 1988 年版。

89. （战国）邓析：《邓析子》，上海古籍出版社 1990 年版。

90. 邓正来：《学术讨论为什么缺位？——中国研究生教育的反思与批判》，载邓正来《反思与批判　体制中的体制外》，法律出版社 2006 年版。

91. 丁煌、武宏志：《谬误研究史论》，《湖北师范学院学报》（哲学社会科学版）1995 年第 5 期。

92. 董洪利：《孟子研究》，江苏古籍出版社 1997 年版。

93. 樊明明：《修辞论辩的机制》，军事谊文出版社 2003 年版。

94. 樊明亚：《形式逻辑》（第 2 版），高等教育出版社 2009 年版。

95. 冯必扬：《通往雄辩家之路——辩论学导论》，上海人民出版社 1989 年版。

96. 冯双：《辩论学》，广东高等教育出版社 2003 年版。

97. 高明光等：《论辩论》，中国青年出版社 2000 年版。

98. （汉）高诱：《淮南子》，中华书局 1954 年版。

99. 葛荣东：《庄子论"辩"中的主体间性问题》，《文史哲》1997 年第 2 期。

100.《古代汉语词典》编写组：《古代汉语词典》（大字本），商务印书馆 2002 年版。

101. 郭沫若：《十批判书》，东方出版社 1996 年版。

102. 何向东：《逻辑学教程》（第 2 版），高等教育出版社 2004 年版。

103. 何向东：《新逻辑学概论》，中国农业大学出版社 2009 年版。

104. 贺陶乐：《先秦谏说、论辩的"曲线进击术"》，《延安教育学院学报》2003 年第 1 期。

105. 黄中建：《论辩中的"投其所好"术》，《现代交际》1997 年第 6 期。

106. 黄中建：《巧布疑阵 请君入瓮——论辩中的"诱敌就范"》，《现代交际》1997 年第 9 期。

107. 黄中建：《论辩中的反控制技巧》，《公关世界》1997 年第 12 期。

108. 季世昌、朱净之：《对话·演讲·论辩》，江苏教育出版社 1990 年版。

109. 冀昀：《左传（下）》，线装书局 2007 年版。

110. 贾奎林：《论辩传播述评：游说·社会·人生》，知识产权出版社 2008 年版。

111. 姜燕：《实用口才艺术》，山东教育出版社 2001 年版。

112. 蒋彰明：《试论〈大学语文〉部分篇章的论辩艺术》，《西北师范大学学报》（社会科学版）1989 年第 1 期。

113. ［德］卡尔·雅斯贝斯：《历史的起源与目标》，魏楚雄、俞新天译，华夏出版社 1989 年版。

114. ［德］莱布尼茨、［英］克拉克：《莱布尼茨与克拉克论战书信集》，陈修斋译，商务印书馆 2009 年版。

115. 李德建：《道法自然、道御意识的理性自觉——从〈老子〉对诸子百家的影响看中华文化的思想内核》（http：//bbs. ifeng. com/

viewthread. php？tid＝3412689###）。

116. 李培林等：《2010 年〈社会蓝皮书〉发布暨中国社会形势报告会》（http：//www. china. com. cn/policy/ txt/2009 － 12/21/content _ 19106356_ 2. htm）。

117. 李瑞青：《庄子"辩无胜"思想的真理观解读》，《北京工业大学学报》（社会科学版）2008 年第 6 期。

118. 李文彪：《语言的圈套——论辩实战胜术》，内蒙古人民出版社 2001 年版。

119. 李孝堂：《〈孟子〉的艺术特点》，《齐齐哈尔大学学报》（哲学社会科学版）1980 年第 1 期。

120. 李永成：《论辩理论研究的新视角——沃尔顿新论辩术理论述评》，《重庆工学院学报》（社会科学）2008 年第 11 期。

121. 李元授、李鹏：《辩论学》，华中理工大学出版社 1997 年版。

122. 李元授等：《辩论学（第 2 版）》，华中理工大学出版社 2004 年版。

123. 李元授等：《辩论训练》，武汉大学出版社 2003 年版。

124. 李竹君：《〈孟子〉散文的论辩艺术》，《河北大学学报》1982 年第 2 期。

125. 连丽霞：《形式逻辑教程》，中国农业大学出版社 2004 年版。

126. （战国）列御寇：《列子》，（晋）张湛注，中华书局 1985 年版。

127. 林铭钧、曾祥云：《名辩学新探》，中山大学出版社 2000 年版。

128. 蔺海鲲、曹莉萍：《实用口才学》，甘肃文化出版社 2006 年版。

129. 刘建祥：《论辩与智慧：能说善辩的诀窍》，湖南人民出版社 2007 年版。

130. 刘明明：《经济思维逻辑》，清华大学出版社 2006 年版。

131. （梁）刘勰：《文心雕龙》，郭晋稀注译，岳麓书社 2004 年版。

132. 刘生良：《〈孟子〉论辩艺术技巧探微》，《兰州大学学报》（社会科学版）2005 年第 2 期。

133. （汉）刘向：《战国策书录》，张舜徽：《文献学论著辑要》，陕西人民出版社 1985 年版。

134. 刘亚猛：《追求象征的力量——关于西方修辞思想的思考》，生活·读书·新知三联书店年 2004 年版。

135. 刘亚猛：《西方修辞学史》，外语教学与研究出版社 2008 年版。

136. 刘亚猛：《当代西方人文学科的范式转换及中国修辞学的发展模式》，《修辞学习》2009 年第 6 期。

137. 马永侠：《论证的一般规范与谬误分析》，《延安大学学报》（社会科学版）2004 年第 4 期。

138. 马永侠：《谬误研究的新修辞学视角》，《延安大学学报》（社会科学版）2008 年第 1 期。

139. 马永侠：《分析与评价谬误的新方法——以沃尔顿对"针对人身"论证的研究为范例》，《延安大学学报》（社会科学版）2009 年第 1 期。

140. 马永侠、武宏志：《谬误理论的新进展》，《安徽大学学报》（哲学社会科学版）2002 年第 3 期。

141. （战国）孟轲：《孟子》，杨伯峻、杨逢彬注译，岳麓书社 2000 年版。

142. 钱锺书：《管锥篇（第二册）》，生活·读书·新知三联书店 2001 年版。

143. 沈有鼎：《墨经的逻辑学》，中国社会科学出版社 1980 年版。

144. （汉）司汉迁：《史记》，易行、孙嘉镇校订，线装书局 2006 年版。

145. 孙立平等：《清华课题组：以利益表达制度化实现长治久安》（http：//www. chinaelections. org/newsinfo. asp？ newsid＝176760，2010－5－11/2011－1－15）。

146. （清）孙诒让：《墨子闲诂（上）》，中华书局 1986 年版。

147. （清）孙诒让：《墨子闲诂（下）》，中华书局 1986 年版。

148. 唐承彬、马卫国：《演讲·口才·成功》，安徽教育出版社 1989 年版。

149. 唐先进：《〈孟子〉论辩艺术简论》，《安徽文学》2006 年第 8 期。

150. 陶银骠：《简明西方哲学辞典》，辽宁人民出版社 1985 年版。

151. 田立刚：《墨家辩学的论辩原则思想初探》，《逻辑今探——中国逻辑学会第五次代表大会暨学术讨论会论文集》，社会科学文献出版社 1996 年版。

152. （晋）王弼：《老子道德经》，中华书局 1985 年版。

153. （清）王先谦：《庄子集解》，中华书局 1954 年版。

154. （清）王先谦：《荀子集解》，中华书局 1988 年版。

155. （清）王先慎：《韩非子集解》，中华书局 1954 年版。

156. 王泽宣：《孟子的论辩艺术》，济南出版社 1996 年版。

157. 武宏志：《"非形式逻辑"与"论证逻辑"——兼评刘春杰的〈论证逻辑研究〉》，《延安大学学报》（社会科学版）2000 年第 1 期。

158. 武宏志：《若干新的谬误模式》，《佳木斯大学社会科学学报》2000 年第 5 期。

159. 武宏志：《"非形式逻辑"的概念及其义理》，《青海师范大学学报》（哲学社会科学版）2004 年第 6 期。

160. 武宏志、丁煌：《非形式逻辑论》，《延安大学学报》（社会科学版）1992 年第 3 期。

161. 武宏志、马永侠：《谬误研究》，陕西人民出版社 1996 年版。

162. 伍晓明：《〈论语〉中的"论辩"与孔子对言的态度》，《中国文化研究》2008 年春之卷。

163. 辛志风、蒋玉斌等：《墨子译注》，黑龙江人民出版社 2003 年版。

164. 熊明辉：《语用论辩术——一种批判性思维视角》，《湖南科技大学学报》（社会科学版）2006 年第 1 期。

165. 熊明辉：《非形式逻辑的对象及其发展趋势》，《中山大学学报》（社会科学版）2006 年第 2 期。

166. 熊明辉：《非形式逻辑视野下的论证评价理论》，《自然辩证法研究》2006 年第 12 期。

167. 徐兴海、李群宝：《中国古代论辩艺术》，陕西人民教育出版社

1992 年版。

168. 晏培玉：《高职应用语文》，湖北科学技术出版社 2008 年版。

169. 杨爱群：《在论战中形成的论辩艺术——谈孟子辩术的形成及其特点》，《赣南师范学院学报》2001 年第 4 期。

170. 杨伯峻：《论语译注》，中华书局 1980 年版。

171. 姚宝元：《〈孟子〉论辩艺术略论》，《河北大学学报》1987 年第 4 期。

172. （清）姚鼐、王先谦：《正续古文辞类纂》，浙江古籍出版社 1998 年版。

173. 永华等：《实用论辩技巧》，东方出版中心 1999 年版。

174. 曾湘宜：《演讲与口才》，北京工业大学出版社 2006 年版。

175. 曾义：《〈孟子〉散文论辩艺术特征新论》，《乐山师范学院学报》2006 年第 10 期。

176. 张惠仁：《孟子——我国古代辩对散文的开元者》，《四川师范学院学报》1980 年第 3 期。

177. 张莉、黄俊英：《语言素质概论》，西安地图出版社 2002 年版。

178. 张树学：《关于 ad hominem 论证合理性实证研究》，《大连理工大学学报》（社会科学版）2007 年第 2 期。

179. 张树学：《论辩的语用辩证理论研究与实践》，《外语与外语教学》2007 年第 9 期。

180. 张双棣、张万彬等：《吕氏春秋译注（下）》，吉林文史出版社 1986 年版。

181. 张舜徽：《周秦道论法微》，中华书局 1982 年版。

182. 张晓芒：《中国古代论辩艺术》，山西人民出版社 2001 年版。

183. 张晓芒：《邓析"两可之论"的逻辑学意义及现代启示》，《山西青年管理干部学院学报》2009 年第 1 期。

184. 章士钊：《逻辑指要》，生活·读书·新知三联书店 1961 年版。

185. 赵传栋：《论辩胜术》，复旦大学出版社 1996 年版。

186. 赵传栋：《论辩原理》，复旦大学出版社 1997 年版。

187. 赵建国：《孟子散文的论辩艺术研究》，硕士学位论文，兰州大学，2007 年。

188. 赵利：《20 世纪非形式逻辑的发展》，《学术研究》2002 年第 11 期。

189. 赵艺、熊明辉：《语用论辩学派的论证评价理论探析》，《自然辩证法通讯》2007 年第 4 期。

190. （汉）赵岐：《孟子题辞》，董国柱选注：《十三经文论注》，黑龙江人民出版社 1990 年版。

191. 中共中央党校哲学教研室：《形式逻辑纲要》，中共中央党校出版社 1985 年版。

192. 中国社会科学院语言研究所词典编辑室：《现代汉语词典》（第 5 版），商务印书馆 2005 年版。

193. 周葆峰：《论辩百法妙天下》，学苑出版社 1993 年版。

194. 周彬琳：《实用演讲与口才》，东北财经大学出版社 2000 年版。

195. 周彬琳：《实用口才艺术》，东北财经大学出版社 2002 年版。

196. 周永坤：《追求理性的学术论辩》，《法学》2007 年第 10 期。

197. （宋）朱熹：《四书章句集注》，中华书局 1983 年版。

198. （宋）朱熹：《论语集注》，齐鲁书社 1992 年版。